ARTS

SCIENCES   LETTRES

BIBLIOTHÈQUE NATIONALE

BOILEAU

—

SATIRES

—

LE LUTRIN

PARIS

LIBRAIRIE DE LA BIBLIOTHÈQUE NATIONALE

1, rue Baillif, 1

PRÈS LA BANQUE DE FRANCE ET LE PALAIS-ROYAL

25 centimes

35 CENTIMES RENDU FRANCO DANS TOUTE LA FRANCE

2me édition. — Septembre 1867

BOILEAU

—

SATIRES

LE LUTRIN

~~~~~~

PARIS

BUREAUX DE LA PUBLICATION

1, rue Baillif, 1

—

DEUXIÈME ÉDITION. — SEPTEMBRE 1867

NOTICE SUR BOILEAU

Nicolas Boileau-Despréaux est né le 1ᵉʳ novembre 1636, au village de Crosnes, près Paris. Les amateurs de rapprochements forcés ont trouvé piquant de le faire naître à Paris, dans la maison et dans la chambre même où avait été composée la *Satire Ménippée* et où furent assassinés, en 1665, le lieutenant-criminel Tardieu et sa femme, dont le poëte dépeignit plus tard la sordide avarice et la triste fin. Le futur *législateur du Parnasse* fit ses études au collége d'Harcourt; son caractère taciturne ne promettait rien à la vanité de ses parents; il était le onzième des enfants de Gilles Boileau, greffier du conseil de la grand'chambre et de Anne Denielle, seconde femme de celui-ci, morte en 1637, à l'âge de vingt-trois ans. Le sévère greffier se plaisait à dire à son entourage que *Collin était un bon garçon qui ne dirait jamais mal de personne.* Nicolas Boileau faisait sa quatrième lorsqu'il fut attaqué de la pierre; soumis à l'opération de la taille, qui n'avait pas alors atteint tous les perfectionnements qui sont l'honneur de la chirurgie de notre époque, le malheureux enfant resta incommodé toute sa vie. Notons pour mémoire l'invention de cette grotesque anecdote rapportée par l'auteur de l'*Année littéraire*, répétée et enjolivée par Helvétius, du coq d'Inde qui blessa irrémédiablement dans sa masculinité celui qui devait composer plus tard la virulente satire contre les femmes et nourrir une haine profonde pour les jésuites, coupables d'avoir importé les dindons en France. Quoi qu'il en soit, lorsque sa santé compromise se fut en apparence raffermie, le jeune Despréaux passa au collége de Beauvais; là, le professeur Sevin entrevit l'avenir du disciple et crut pouvoir lui prédire un nom fameux parmi les poëtes français. Il débuta en rhétorique par une tragédie inachevée, dont il ne garda, au dire de Brossette, son commentateur, que trois hémistiches qu'il préférait à tous ceux de Boyer.

Après avoir terminé ses études, il fut reçu avocat le 4 décembre 1656, obtint au barreau un succès négatif, étudia la théologie, ce qui lui valut un bénéfice, le prieuré de Saint-Paterne, rapportant 800 livres par an. Au bout de neuf ans, il résigna ce bénéfice (pour doter, dit-on, sa maîtresse, Marie Poucher de Bretouville, qui se faisait religieuse), afin de se livrer exclusivement au culte des lettres.

C'est vers 1660 qu'il commença, dans les cercles où il était admis, à donner lecture de ses premières satires, qui ne furent imprimées qu'en 1665. L'hôtel de Rambouillet, dont les arrêts faisaient loi en matière littéraire, ne jugea pas très favorablement les fruits de la muse du débutant; Cotin et Chapelain donnaient le ton : l'heure n'était pas venue encore de l'apothéose de l'auteur du *Lutrin* et de l'*Art poétique*.

Aux *Satires* succédèrent les *Epîtres*, le plus réel titre de sa gloire. Le satiriste, qui ne manquait pas de savoir-faire, entremêla sa poésie de ces louanges, si communes alors, dont se gaudissait l'amour-propre du roi-

soleil. Celui-ci récompensa les flagorneries
de Boileau par une pension de 2,000 livres;
puis, en 1677, par le titre d'historiographe de
France en même temps que Racine, avec une
seconde pension de 2,000 livres. Cette sinécure
commode faisait dire au titulaire : « Quand je
faisais le métier de satirique, que j'entendais
assez bien, on m'accablait d'injures et de me-
naces ; aujourd'hui, on me paye bien cher pour
faire le métier d'historiographe, que je n'entends point du tout. »

Le 1er juillet 1684, en dépit des ennemis
qu'il s'était faits, Boileau entra à l'Académie
française, puis à l'Académie des médailles,
depuis Académie des Inscriptions.

Parvenu au faîte des honneurs littéraires de
son époque, il vit promptement s'affaiblir ses
facultés : une extinction de voix lui affecta
longtemps la poitrine, sa vue fut compromise,
et une surdité croissant de jour en jour aug-
menta son hypocondrie naturelle. La mort de
Racine, qu'il avait toujours considéré comme
son meilleur ami, l'attrista au point de lui interdire volontairement ses relations avec la
cour, bien que Louis XIV lui eût fait dire
qu'il avait toujours une heure par semaine à
lui donner.

Les infirmités qui accompagnèrent la vieillesse du poëte ne l'empêchèrent pas de produire, pendant les dix dernières années de sa
vie, plusieurs écrits en prose et la *Satire sur
l'équivoque*, qu'il espérait faire entrer dans la
collection de ses œuvres complètes qu'il pré-
parait depuis longtemps. Le privilége ne lui
fut pas accordé, et les jésuites, qui avaient
sur l'esprit du monarque une influence com-
plète, passent pour n'avoir pas été étrangers
à cette injuste prohibition.

Attaqué au mois de juin 1709, d'une violente
fluxion de poitrine, Boileau n'en releva pas et

s'éteignit à Auteuil, le 11 mars 1711. On l'enterra dans la Sainte-Chapelle; ses restes furent plus tard transférés au Musée des monuments français, et le 14 juillet 1819, confiés définitivement à l'église Saint-Germain-des-Prés.

Il a recueilli lui-même ses œuvres dans la dernière édition qu'il fit faire à Paris en 1701 (11 satires, 12 épîtres, *l'Art poétique* en quatre chants, *le Lutrin*). La douzième satire (*sur l'équivoque*) ne figura que dans les éditions posthumes et dans celles de Hollande.

Parmi les innombrables éditions qui ont été faites, on distingue celle de Genève, 2 vol. in-4º, 1716, avec les éclaircissements de Brossette; — celle de La Haye, en 2 vol. in-folio, 1718, avec les figures de Picart; 1722, 4 vol. in-12; 1740, veuve Alix, 2 vol. in-4º, avec les figures de Cochin; 1737, Durand, 5 vol. in-8º, avec figures, et des éclaircissements par M. de Saint-Marc. On y trouve 12 satires, 12 épîtres, *l'Art poétique*, *le Lutrin*, 2 odes, l'une *contre les Anglais*, l'autre *sur la prise de Namur*, des sonnets, des stances à Molière, 56 épigrammes, un *Dialogue de la poésie et de la musique*, la parodie d'une scène du *Cid*, trois petites pièces latines, un *Dialogue sur les héros de roman*, la traduction du *Traité du sublime*, de Longin, et des réflexions critiques sur cet auteur. Citons encore l'édition du Dauphin, 1789; celle de Daunou, 1809 et 1825; d'Auger, 1815; de Saint-Surin, 1821; de Berriat-Saint-Prix, de Didot, sans compter les réimpressions fragmentaires et les recueils écourtés, destinés à l'enfance, habituée depuis tantôt deux cents ans, de génération en génération, à regarder le *poëte de la raison* comme le *nec plus ultra* de l'inspiration poétique, de l'habileté de la facture, de la profondeur du raisonnement, de la force de la pensée, de l'élégance du style, de la finesse d'expression, et de toutes les qualités dont les thuriféraires à froid se plaisent à parer leurs idoles littéraires.

Boileau est certainement l'un des écrivains qui font le plus d'honneur à la littérature de leur pays, et nous ne saurions méconnaître cette vie tout entière consacrée à cultiver la pensée humaine dans ses manifestations les plus variées. On se redira volontiers que cet écrivain fielleux ne l'était qu'en vers, et que l'homme n'avait, comme il le disait lui-même, *ni ongles ni griffes;* l'amitié de Racine, de Molière (nous voudrions pouvoir ajouter de La Fontaine), de Lamoignon, du prince de Condé, témoignera de la sûreté de commerce qu'on était sûr de rencontrer en lui, et s'il se trouve dans ses œuvres une acrimonie trop fréquemment déployée à l'encontre de ceux qui n'avaient pas l'heur de lui plaire,—les infiniment petits de la littérature du grand siècle, — l'homme de bien, disons-le à sa louange, appliqua souvent le baume sur les blessures qu'il avait faites, et il ne restera de ses querelles avec Quinault et Perrault que le souvenir léger d'une de ces disputes de pédants convaincus, comme il s'en produit périodiquement dans la république des lettres.

Parmi les écrits de Boileau, nous avons donné la préférence aux *Satires* et au *Lutrin,* parce que, là surtout, il a montré une réelle originalité, malgré ses emprunts aux satiristes romains, originalité doublée de cette verve gauloise qui caractérise la vieille bourgeoisie française, et si habilement maniée par Molière, La Fontaine, Le Sage, Piron, etc. Avec tous les critiques nous estimons la haute valeur des *Épîtres* de Boileau, mais nous ne saurions applaudir sans réserve à son *Art poétique* compassé, auquel nous avons dû tant de piètres versificateurs, qui, prenant à la lettre les préceptes étroits de ce législateur contestable, fabriquent difficilement à la toise les vers faciles, coulés dans ce moule uniforme et soporifique auquel les académies de haut et bas étage réservent leur meilleur accueil. Cette école d'eunuques, à laquelle toutes les virilités font peur, a de nos jours conservé de nombreux sectateurs, et c'est à la fatale influence de Boileau-Despréaux qu'elle doit une déplorable autorité contre laquelle nous protestons de toutes nos forces. Les admirations de commande provoquent les réactions violentes : qu'en est-il advenu, en ce qui concerne Boileau? Pour les uns, c'est un *fétiche;* pour les autres, une *perruque;* entre les deux termes, — en tenant compte de l'énormité de l'antithése, — le choix de la génération qui a connu Victor Hugo, de Vigny, Alfred de Musset, Théophile Gautier, Brizeux et Barbier, ne saurait rester un instant douteux.

N. DAVID.

SATIRES

DE

BOILEAU DESPRÉAUX

DISCOURS AU ROI

Jeune et vaillant héros, dont la haute sagesse
N'est point le fruit tardif d'une lente vieillesse,
Et qui seul, sans ministre, à l'exemple des dieux,
Soutiens tout par toi-même et vois tout par tes yeux,
Grand roi, si jusqu'ici, par un trait de prudence,
J'ai demeuré pour toi dans un humble silence,
Ce n'est pas que mon cœur, vainement suspendu,
Balance pour t'offrir un encens qui t'est dû :
Mais je sais peu louer, et ma muse tremblante
Fuit d'un si grand fardeau la charge trop pesante,
Et, dans ce haut éclat où tu te viens offrir,
Touchant à tes lauriers, craindrait de les flétrir.

Ainsi, sans m'aveugler d'une vaine manie,
Je mesure mon vol à mon faible génie :

Plus sage en mon respect que ces hardis mortels
Qui d'un indigne encens profanent tes autels ;
Qui, dans ce champ d'honneur où le gain les amène,
Osent chanter ton nom, sans force et sans haleine ;
Et qui vont tous les jours, d'une importune voix,
T'ennuyer du récit de tes propres exploits.

L'un, en style pompeux habillant une églogue,
De ses rares vertus te fait un long prologue,
Et mêle, en se vantant soi-même à tout propos,
Les louanges d'un fat à celles d'un héros.

L'autre, en vain se lassant à polir une rime,
Et reprenant vingt fois le rabot et la lime,
Grand et nouvel effort d'un esprit sans pareil !
Dans la fin d'un sonnet te compare au soleil.

Sur le haut Hélicon leur veine méprisée
Fut toujours des neuf sœurs la fable et la risée.
Calliope jamais ne daigna leur parler,
Et Pégase pour eux refuse de voler.
Cependant, à les voir enflés de tant d'audace,
Te promettre en leur nom les faveurs du Parnasse,
On dirait qu'ils ont seuls l'oreille d'Apollon,
Qu'ils disposent de tout dans le sacré vallon :
C'est à leurs doctes mains, si l'on veut les en croire,
Que Phébus a commis tout le soin de ta gloire ;
Et ton nom, du midi jusqu'à l'ourse vanté,
Ne devra qu'à leurs vers son immortalité.
Mais plutôt, sans ce nom dont la vive lumière
Donne un lustre éclatant à leur veine grossière,
Ils verraient leurs écrits, honte de l'univers,

Pourrir dans la poussière à la merci des vers.
A l'ombre de ton nom ils trouvent leur asile,
Comme on voit dans les champs un arbrisseau débile
Qui, sans l'heureux appui qui le tient attaché,
Languirait tristement sur la terre couché.

Ce n'est pas que ma plume, injuste et téméraire,
Veuille blâmer en eux le dessein de te plaire ;
Et, parmi tant d'auteurs, je veux bien l'avouer,
Apollon en connaît qui te peuvent louer :
Oui, je sais qu'entre ceux qui t'adressent leurs veilles,
Parmi les Pelletiers on compte des Corneilles.
Mais je ne puis souffrir qu'un esprit de travers,
Qui, pour rimer des mots, pense faire des vers,
Se donne en te louant une gêne inutile ;
Pour chanter un Auguste, il faut être un Virgile :
Et j'approuve les soins du monarque * guerrier
Qui ne pouvait souffrir qu'un artisan grossier
Entreprît de tracer, d'une main criminelle,
Un portrait réservé pour le pinceau d'Apelle.

Moi donc, qui connais peu Phébus et ses douceurs,
Qui suis nouveau sevré sur le mont des neuf sœurs,
Attendant que pour toi l'âge ait mûri ma muse,
Sur de moindres sujets je l'exerce et l'amuse :
Et tandis que ton bras, des peuples redouté,
Va, la foudre à la main, rétablir l'équité,
Et retient les méchants par la peur des supplices,
Moi, la plume à la main, je gourmande les vices

* Alexandre le Grand.

Et, gardant pour moi-même une juste rigueur,
Je confie au papier les secrets de mon cœur.
Ainsi, dès qu'une fois ma verve se réveille,
Comme on voit au printemps la diligente abeille
Qui du butin des fleurs va composer son miel,
Des sottises du temps je compose mon fiel :
Je vais de toutes parts où me guide ma veine,
Sans tenir en marchant une route certaine,
Et sans gêner ma plume en ce libre métier,
Je la laisse au hasard courir sur le papier.

Le mal est qu'en rimant, ma muse un peu légère
Nomme tout par son nom et ne saurait rien taire.
C'est là ce qui fait peur aux esprits de ce temps,
Qui, tout blancs au dehors, sont tout noirs au dedans :
Ils tremblent qu'un censeur que sa verve encourage
Ne vienne en ses écrits démasquer leur visage,
Et, fouillant dans leurs mœurs en toute liberté,
N'aille du fond du puits tirer la Vérité.
Tous ces gens, éperdus au seul nom de satire,
Font d'abord le procès à quiconque ose rire :
Ce sont eux que l'on voit, d'un discours insensé,
Publier dans Paris que tout est renversé;
Au moindre bruit qui court qu'un auteur les menace
De jouer des bigots la trompeuse grimace :
Pour eux, un tel ouvrage est un monstre odieux ;
C'est offenser les lois, c'est s'attaquer aux cieux.
Mais, bien que d'un faux zèle ils masquent leur faiblesse,
Chacun voit qu'en effet la vérité les blesse :
En vain d'un lâche orgueil leur esprit revêtu
Se couvre du manteau d'une austère vertu ;

Leur cœur, qui se connaît, et qui fuit la lumière,
S'il se moque de Dieu, craint Tartufe et Molière.

Mais pourquoi sur ce point sans raison m'écarter?
Grand roi, c'est mon défaut, je ne saurais flatter :
Je ne sais point au ciel placer un ridicule,
D'un nain faire un Atlas, ou d'un lâche un Hercule,
Et sans cesse en esclave à la suite des grands,
A des dieux sans vertu prodiguer mon encens :
On ne me verra point, d'une veine forcée,
Même pour te louer, déguiser ma pensée,
Et quelque grand que soit ton pouvoir souverain,
Si mon cœur en ces vers ne parlait par ma main,
Il n'est espoir de biens, ni raison, ni maxime,
Qui pût en ta faveur m'arracher une rime.

Mais lorsque je te vois, d'une si noble ardeur,
T'appliquer sans relâche aux soins de ta grandeur,
Faire honte à ces rois que le travail étonne,
Et qui sont accablés du faix de leur couronne;
Quand je vois ta sagesse, en ses justes projets,
D'une heureuse abondance enrichir tes sujets,
Fouler aux pieds l'orgueil et du Tage et du Tibre *,
Nous faire de la mer une campagne libre ;
Et tes braves guerriers, secondant ton grand cœur,
Rendre à l'aigle éperdu sa première vigueur ** :

---

* En 1661 et 1662, des ambassadeurs français avaient
été insultés à Londres par des Espagnols, et à Rome par
la garde du pape. Louis XIV exigea des réparations solen-
nelles.
** En 1664, des troupes envoyées par Louis XIV au secours de l'empereur défirent les Turcs sur les bords du
Raab.

La France sous tes lois maîtriser la Fortune ;
Et nos vaisseaux, domptant l'un et l'autre Neptune,
Nous aller chercher l'or, malgré l'onde et le vent,
Aux lieux où le soleil le forme en se levant :
Alors, sans consulter si Phébus l'en avoue,
Ma muse tout en feu me prévient et te loue.

Mais bientôt la raison arrivant au secours,
Vient d'un si beau projet interrompre le cours,
Et me fait concevoir, quelque ardeur qui m'emporte,
Que je n'ai ni le ton, ni la voix assez forte.
Aussitôt je m'effraye, et mon esprit troublé
Laisse là le fardeau dont il est accablé ;
Et sans passer plus loin, finissant mon ouvrage,
Comme un pilote en mer qu'épouvante l'orage,
Dès que le bord paraît, sans songer où je suis,
Je me sauve à la nage et j'aborde où je puis.

DISCOURS SUR LA SATIRE

—

Quand je donnai la première fois mes satires au public, je m'étais bien préparé au
tumulte que l'impression de mon livre a excité sur le Parnasse. Je savais que la nation
des poëtes, et surtout des mauvais poëtes *,
est une nation farouche qui prend feu aisément, et que ces esprits avides de louanges
ne digéreraient pas facilement une raillerie,
quelque douce qu'elle pût être. Aussi oserai-
je dire à mon avantage que j'ai regardé avec
des yeux assez stoïques les libelles diffama-
toires qu'on a publiés contre moi. Quelques
calomnies dont on ait voulu me noircir, quelques faux bruits qu'on ait semés de ma personne, j'ai pardonné sans peine ces petites
vengeances au déplaisir d'un auteur irrité
qui se voyait attaqué par l'endroit le plus
sensible d'un poëte, je veux dire par se ouvrages.

* Ceci regarde particulièrement Cotin, qui avait publié
une satire contre l'auteur.

Mais j'avoue que j'ai été un peu surpris du chagrin bizarre de certains lecteurs * qui, au lieu de se divertir d'une querelle du Parnasse dont ils pouvaient être spectateurs indifférents, ont mieux aimé prendre parti et s'affliger avec les ridicules que de se réjouir avec les honnêtes gens. C'est pour les consoler que j'ai composé ma neuvième satire, où je pense avoir montré assez clairement que, sans blesser l'État ni sa conscience, on peut trouver de méchants vers méchants, et s'ennuyer de plein droit à la lecture d'un sot livre. Mais puisque ces messieurs ont parlé de la liberté que je me suis donnée de nommer comme d'un attentat inouï et sans exemples, et que des exemples ne se peuvent pas mettre en rimes, il est bon d'en dire ici un mot pour les instruire d'une chose qu'eux seuls veulent ignorer, et leur faire voir qu'en comparaison de tous mes confrères les satiriques j'ai été un poëte fort retenu.

Et pour commencer par Lucilius, inventeur de la satire, quelle liberté, ou plutôt quelle licence ne s'est-il point donnée dans ses ouvrages? Ce n'étaient point seulement des poëtes et des auteurs qu'il attaquait; c'étaient des gens de la première qualité de Rome; c'étaient des personnes consulaires. Cependant Scipion et Lélius ne jugèrent pas ce

* Le duc de Montausier.

poète, tout déterminé rieur qu'il était, indigne de leur amitié : et vraisemblablement, dans les occasions, ils ne lui refusèrent pas leurs conseils sur ses écrits, non plus qu'à Térence. Ils ne s'avisèrent point de prendre le parti de Lupus et de Métellus, qu'il avait joués dans ses satires ; et ils ne crurent pas lui donner rien du leur en lui abandonnant tous les ridicules de la république :

Num Lælius, et qui
Duxit ab oppressa meritum Carthagine nomen :
Ingenio offensi, aut læso doluere Metello,
Famosisve Lupo cooperto versibus ?
(HORAT. *Sat. I*, lib. II, v. 65.)

En effet, Lucilius n'épargnait ni petits ni grands, et souvent des nobles et des patriciens il descendait jusqu'à la lie du peuple :

Primores populi arripuit, populumque tributim.
(*Ibidem.*)

On me dira que Lucilius vivait dans une république, où ces sortes de libertés peuvent être permises. Voyons donc Horace, qui vivait sous un empereur, dans les commencements d'une monarchie, où il est bien plus dangereux de rire qu'en un autre temps. Qui ne nomme-t-il point dans ses satires ? Et Fabius le grand causeur, et Tigellius le fantasque, et Nasidiénus le ridicule, et Nomenta-

nus le débauché, et tout ce qui vient au bout
de sa plume. On me répondra que ce sont
des noms supposés. Oh ! la belle réponse :
comme si ceux qu'il attaque n'étaient pas
des gens connus d'ailleurs ; comme si l'on
ne savait pas que Fabius était un chevalier
romain qui avait composé un livre de droit ;
que Tigellius fut en son temps un musicien
chéri d'Auguste ; que Nasidiénus Rufus était
un ridicule célèbre dans Rome ; que Cassius
Nomentanus était un des plus fameux débau-
chés de l'Italie. Certainement il faut que ceux
qui parlent de la sorte n'aient pas fort lu les
anciens, et ne soient pas fort instruits des affaires de la cour d'Auguste. Horace ne se
contente pas d'appeler les gens par leur
nom ; il a si peur qu'on ne les méconnaisse,
qu'il a soin de rapporter jusqu'à leur sur-
nom, jusqu'au métier qu'ils faisaient, jusqu'aux charges qu'ils avaient exercées. Voyez,
par exemple, comme il parle d'Aufidius Luscus, préteur de Fondi :

> Fundos, Aufidio Lusco prætore, libenter
> Linquimus, insani ridentes præmia scribæ,
> Prætéxtam, et latum clavum, etc.
>
> (Sat. V, lib. i, v. 35.)

« Nous abandonnâmes, dit-il, avec joie le
bourg de Fondi, dont était préteur un certain Aufidius Luscus ; mais ce ne fut pas
sans avoir bien ri de la folie de ce préteur,

auparavant commis, qui faisait le sénateur et l'homme de qualité. »

Peut-on désigner un homme plus précisément? et les circonstances seules ne suffisaient-elles pas pour le faire reconnaître? On me dira peut-être qu'Aufidius était mort alors : mais Horace parle là d'un voyage fait depuis peu. Et puis, comment mes censeurs répondront-ils à cet autre passage ?

Turgidus Alpinus jugulat dum Memnona, dumque
Diffingit Rheni luteum caput, hæc ego ludo.

(*Sat. X*, lib. i, v. 36.)

« Pendant, dit Horace, que ce poëte enflé d'Alpinus égorge Memnon dans son poëme, et s'embourbe dans la description du Rhin, je me joue en ces satires. »

Alpinus vivait donc du temps qu'Horace se jouait en ces satires; et si Alpinus en cet endroit est un nom supposé, l'auteur du poëme de Memnon pouvait-il s'y méconnaître ? Horace, dira-t-on, vivait sous le règne du plus poli de tous les empereurs : mais vivons-nous sous un règne moins poli? et veut-on qu'un prince qui a tant de qualités communes avec Auguste soit moins dégoûté que lui des méchants livres, et plus rigoureux envers ceux qui les blâment?

Examinons pourtant Perse, qui écrivait sous le règne de Néron. Il ne raille pas sim-

plement les ouvrages des poëtes de son temps;
il attaque les vers de Néron même. Car enfin
tout le monde sait, et toute la cour de Néron
le savait, que ces quatre vers, *Torva Mimal-
loneïs, etc.*, dont Perse fait une raillerie si
amère dans sa première satire, étaient des
vers de Néron. Cependant on ne remarque
point que Néron, tout Néron qu'il était, ait
fait punir Perse; et ce tyran, ennemi de la
raison, et amoureux, comme on sait, de ses
ouvrages, fut assez galant homme pour entendre raillerie sur ses vers, et ne crut pas
que l'empereur, en cette occasion, dût prendre les intérêts du poëte.

Pour Juvénal, qui florissait sous Trajan, il
est un peu plus respectueux envers les grands
seigneurs de son siècle. Il se contente de répandre l'amertume de ses satires sur ceux du
règne précédent : mais à l'égard des auteurs, il ne les va point chercher hors de
son siècle. A peine est-il entré en matière,
que le voilà en mauvaise humeur contre
tous les écrivains de son temps. Demandez
à Juvénal ce qui l'oblige de prendre la
plume. C'est qu'il est las d'entendre et la
Théséide de Codrus, et l'*Oreste* de celui-ci, et
le *Télèphe* de cet autre, et tous les poëtes
enfin, comme il dit ailleurs, qui récitaient
leurs vers au mois d'août, *et augusto reci-
tantes mense poetas.* Tant il est vrai que le
droit de blâmer les auteurs est un droit an-

cien, passé en coutume parmi tous les satiriques et souffert dans tous les siècles.

Que s'il faut venir des anciens aux modernes, Regnier, qui est presque notre seul poëte satirique, a été véritablement un peu plus discret que les autres. Cela n'empêche pas néanmoins qu'il ne parle hardiment de Gallet, ce célèbre joueur, *qui assignait ses créanciers sur sept et quatorze;* et du sieur de Provins, *qui avait changé son balandran* * *en manteau court;* et du Cousin, *qui abandonnait sa maison de peur de la réparer;* et de Pierre du Puis, et de plusieurs autres.

Que répondront à cela mes censeurs? Pour peu qu'on les presse, ils chasseront de la république des lettres tous les poëtes satiriques, comme autant de perturbateurs du repos public. Mais que diront-ils de Virgile, le sage, le discret Virgile, qui, dans une églogue **, où il n'est pas question de satire, tourne d'un seul vers deux poëtes de son temps en ridicule?

Qui Bavium non odit, amet tua carmina, Mævi,

dit un berger satirique dans cette églogue. Et qu'on ne me dise point que Bavius et Mæ-

---

* Casaque de campagne.
** Eglog. III, v. 90.

vius, en cet endroit, sont des noms supposés,
puisque ce serait donner un trop cruel dé-
menti au docte Servius, qui assure positive-
ment le contraire. En un mot, qu'ordonne-
ront mes censeurs de Catulle, de Martial, et
de tous les poëtes de l'antiquité, qui n'en ont
pas usé avec plus de discrétion que Virgile?
Que penseront-ils de Voiture, qui n'a point
fait conscience de rire aux dépens du célèbre
Neuf-Germain, quoique également recom-
mandable par l'antiquité de sa barbe et par
la nouveauté de sa poésie? Le banniront-ils
du Parnasse, lui et tous les poëtes de l'antiquité, pour établir la sûreté des sots et des
ridicules? Si cela est, je me consolerai aisément de mon exil : il y aura du plaisir à être
relégué en si bonne compagnie. Raillerie à
part, ces messieurs veulent-ils être plus
sages que Scipion et Lélius, plus délicats
qu'Auguste, plus cruels que Néron? Mais eux
qui sont si rigoureux envers les critiques,
d'où vient cette clémence qu'ils affectent
pour les méchants auteurs? Je vois bien ce
qui les afflige ; ils ne veulent pas être dé-
trompés. Il leur fâche d'avoir admiré sérieusement des ouvrages que mes satires ex-
posent à la risée de tout le monde, et de se
voir condamnés à oublier dans leur vieillesse
ces mêmes vers qu'ils ont autrefois appris
par cœur comme des chefs-d'œuvre de l'art.
Je les plains sans doute : mais quel remède?

Faudra-t-il, pour s'accoutumer à leur goût particulier, renoncer au sens commun ? Faudra-t-il applaudir indifféremment à toutes les impertinences qu'un ridicule aura répandues sur le papier ? Et au lieu qu'en certains pays * on condamnait les méchants poëtes à effacer leurs écrits avec la langue, les livres deviendront-ils désormais un asile inviolable où toutes les sottises auront droit de bourgeoisie, où l'on n'osera toucher sans profanation ?

J'aurais bien d'autres choses à dire sur ce sujet ; mais comme j'ai déjà traité de cette matière dans ma neuvième satire, il est bon d'y renvoyer le lecteur.

* Dans le temple qui est aujourd'hui l'abbaye d'Ainay, à Lyon.

SATIRE PREMIÈRE

—

SUR L'INCONVÉNIENT DU SÉJOUR DES GRANDES VILLES

Damon *, ce grand auteur dont la muse fertile
Amusa si longtemps et la cour et la ville;
Mais qui, n'étant vêtu que de simple bureau,
Passe l'été sans linge et l'hiver sans manteau;
Et de qui le corps sec et la mine affamée
N'en sont pas mieux refaits pour tant de renommée:
Las de perdre en rimant et sa peine et son bien,
D'emprunter en tous lieux et de ne gagner rien,
Sans habits, sans argent, ne sachant plus que faire,
Vient de s'enfuir, chargé de sa seule misère,
Et bien loin des sergents, des clercs et du palais,
Va chercher un repos qu'il ne trouva jamais;
Sans attendre qu'ici la justice ennemie
L'enferme en un cachot le reste de sa vie,

---

* J'ai eu en vue Cassandre, celui qui a traduit la *Rhéto-*
rique d'Aristote. (*Note de Boileau.*) — Cependant, c'est à
Tristan-l'Ermite que l'on applique le troisième et le quatrième vers de cette satire.

Ou que d'un bonnet vert * le salutaire affront
Flétrisse les lauriers qui lui couvrent le front.

Mais le jour qu'il partit, plus défait et plus blême
Que n'est un pénitent sur la fin du carême,
La colère dans l'âme et le feu dans les yeux,
Il distilla sa rage en ces tristes adieux :

Puisqu'en ce lieu, jadis aux muses si commode,
Le mérite et l'esprit ne sont plus à la mode,
Qu'un poëte, dit-il, s'y voit maudit de Dieu,
Et qu'ici la vertu n'a plus ni feu ni lieu,
Allons du moins chercher quelque antre ou quelque roche
D'où jamais ni l'huissier ni le sergent n'approche;
Et, sans lasser le ciel par des vœux impuissants,
Mettons-nous à l'abri des injures du temps,
Tandis que, libre encor malgré les destinées,
Mon corps n'est point courbé sous le faix des années,
Qu'on ne voit point mes pas sous l'âge chanceler,
Et qu'il reste à la Parque encor de quoi filer.
C'est là dans mon malheur le seul conseil à suivre.
Que George vive ici, puisque George y sait vivre,
Qu'un million comptant, par ses fourbes acquis,
De clerc, jadis laquais, a fait comte et marquis :
Que Jaquin vive ici, dont l'adresse funeste
A plus causé de maux que la guerre ou la peste;
Qui de ses revenus écrits par alphabet
Peut fournir aisément un calepin complet;

* Du temps que cette satire fut faite, un débiteur insolvable pouvait sortir de prison en faisant cession, c'est-à-dire en souffrant qu'on lui mît en pleine rue un bonnet vert sur la tête.

Qu'il règne dans ces lieux, il a droit de s'y plaire.
Mais moi, vivre à Paris! Eh! qu'y voudrais-je faire?
Je ne sais ni tromper, ni feindre, ni mentir;
Et, quand je le pourrais, je n'y puis consentir.
Je ne sais point en lâche essuyer les outrages
D'un faquin orgueilleux qui vous tient à ses gages,
De mes sonnets flatteurs lasser tout l'univers,
Et vendre au plus offrant mon encens et mes vers :
Pour un si bas emploi ma muse est trop altière.
Je suis rustique et fier, et j'ai l'âme grossière :
Je ne puis rien nommer, si ce n'est par son nom;
J'appelle un chat un chat, et Rolet un fripon.
De servir un amant, je n'en ai pas l'adresse :
J'ignore ce grand art qui gagne une maîtresse;
Et je suis à Paris, triste, pauvre et reclus,
Ainsi qu'un corps sans âme ou devenu perclus.

Mais pourquoi, dira-t-on, cette vertu sauvage
Qui court à l'hôpital, et n'est plus en usage?
La richesse permet une juste fierté;
Mais il faut être souple avec la pauvreté :
C'est par là qu'un auteur que presse l'indigence
Peut des astres malins corriger l'influence,
Et que le sort burlesque, en ce siècle de fer,
D'un pédant, quand il veut, sait faire un duc et pair *.
Ainsi de la vertu la fortune se joue :
Tel aujourd'hui triomphe au plus haut de sa roue,
Qu'on verrait, de couleurs bizarrement orné,
Conduire le carrosse où l'on le voit traîné,

* Louis Barbier, abbé de la Rivière.

Si dans les droits du roi sa funeste science
Par deux ou trois avis n'eût ravagé la France.
Je sais qu'un juste effroi l'éloignant de ces lieux
L'a fait pour quelques mois disparaître à nos yeux :
Mais en vain pour un temps une taxe l'exile;
On le verra bientôt pompeux en cette ville,
Marcher encor chargé des dépouilles d'autrui,
Et jouir du ciel même irrité contre lui :
Tandis que Colletet, crotté jusqu'à l'échine,
S'en va chercher son pain de cuisine en cuisine;
Savant en ce métier si cher aux beaux esprits,
Dont Montmaur autrefois fit leçon dans Paris.

Il est vrai que du roi la bonté secourable
Jette enfin sur la muse un regard favorable:
Et, réparant du sort l'aveuglement fatal,
Va tirer désormais Phébus de l'hôpital *.
On doit tout espérer d'un monarque si juste :
Mais sans un Mécénas à quoi sert un Auguste ?
Et fait comme je suis, au siècle d'aujourd'hui,
Qui voudra s'abaisser à me servir d'appui ?
Et puis, comment percer cette foule effroyable
De rimeurs affamés dont le nombre l'accable,
Qui, dès que sa main s'ouvre, y courent les premiers,
Et ravissent un bien qu'on devait aux derniers,
Comme on voit les frelons, troupe lâche et stérile,
Aller piller le miel que l'abeille distille ?

* Le roi, à la sollicitation de M. Colbert, donna en
1663 des pensions à quelques gens de lettres, français et
étrangers.

Cessons donc d'aspirer à ce prix tant vanté
Que donne la faveur à l'importunité.
Saint-Amand n'eut du ciel que sa veine en partage ·
L'habit qu'il eut sur lui fut son seul héritage ;
Un lit et deux placets composaient tout son bien ;
Ou, pour en mieux parler, Saint-Amand n'avait rien.
Mais quoi ! las de traîner une vie importune,
Il engagea ce rien pour chercher la fortune,
Et, tout chargé de vers qu'il devait mettre au jour,
Conduit d'un vain espoir, il parut à la cour.
Qu'arriva-t-il enfin de sa muse abusée ?
Il en revint couvert de honte et de risée ;
Et la fièvre, au retour, terminant son destin,
Fit par avance en lui ce qu'aurait fait la faim.
Un poëte à la cour fut jadis à la mode ;
Mais des fous aujourd'hui c'est le plus incommode,
Et l'esprit le plus beau, l'auteur le plus poli,
N'y parviendra jamais au sort de l'Angeli.

Faut-il donc désormais jouer un nouveau rôle ?
Dois-je, las d'Apollon, recourir à Barthole ?
Et feuilletant Louet allongé par Brodeau,
D'une robe à longs plis balayer le barreau ?
Mais à ce seul penser je sens que je m'égare.
Moi ! que j'aille crier dans ce pays barbare,
Où l'on voit tous les jours l'innocence aux abois
Errer dans les détours d'un dédale de lois,
Et, dans l'amas confus de chicanes énormes,
Ce qui fut blanc au fond rendu noir par les formes ?
Où Patru gagne moins qu'Huot et le Mazier,
Et dont les Cicérons se font chez Pé-Fournier ?

Avant qu'un tel dessein m'entre dans la pensée,
On pourra voir la Seine à la Saint-Jean glacée;
Arnauld à Charenton devenir huguenot,
Saint-Sorlin janséniste et Saint-Pavin bigot.

Quittons donc pour jamais une ville importune,
Où l'honneur a toujours guerre avec la fortune;
Où le vice orgueilleux s'érige en souverain,
Et va la mître en tête et la crosse à la main;
Où la science, triste, affreuse, délaissée,
Est partout des bons lieux comme infâme chassée;
Où le seul art en vogue est l'art de bien voler;
Où tout me choque enfin: où... Je n'ose parler.
Et quel homme si froid ne serait plein de bile
A l'aspect odieux des mœurs de cette ville?
Qui pourrait les souffrir, et qui, pour les blâmer,
Malgré muse et Phébus n'apprendrait à rimer?
Non, non, sur ce sujet pour écrire avec grâce,
Il ne faut point monter au sommet du Parnasse;
Et, sans aller rêver dans le double vallon,
La colère suffit et vaut un Apollon.

Tout beau, dira quelqu'un, vous entrez en furie.
A quoi bon ces grands mots? doucement, je vous prie:
Ou bien, montez en chaire, et là, comme un docteur,
Allez de vos sermons endormir l'auditeur:
C'est là que bien ou mal on a droit de tout dire.
Ainsi parle un esprit qu'irrite la satire,
Qui contre ses défauts croit être en sûreté
En raillant d'un censeur la triste austérité;
Qui fait l'homme intrépide, et, tremblant de faiblesse,

Attend pour croire en Dieu que la fièvre le presse *;
Et toujours dans l'orage au ciel levant les mains,
Dès que l'air est calmé rit des faibles humains.
Car de penser alors qu'un Dieu tourne le monde,
Et règle les ressorts de la machine ronde,
Ou qu'il est une vie au-delà du trépas,
C'est là, tout haut du moins, ce qu'il n'avoûra pas.

Pour moi, qu'en santé même un autre monde étonne,
Qui crois l'âme immortelle et que c'est Dieu qui tonne,
Il vaut mieux pour jamais me bannir de ce lieu.
Je me retire donc. Adieu, Paris, adieu !

* On croit que ce vers désigne Desbarreaux

SATIRE II

—

A MOLIÈRE

SUR L'ACCORD DIFFICILE DE LA RIME ET DE LA
RAISON

Rare et fameux esprit dont la fertile veine
Ignore en écrivant le travail et la peine ;
Pour qui tient Apollon tous ses trésors ouverts,
Et qui sais à quel coin se marquent les bons vers :
Dans les combats d'esprit savant maître d'escrime,
Enseigne-moi, Molière, où tu trouves la rime.
On dirait, quand tu veux, qu'elle te vient chercher ;
Jamais au bout du vers on ne te voit broncher ;
Et sans qu'un long détour t'arrête ou t'embarrasse,
A peine as-tu parlé qu'elle-même s'y place.
Mais moi, qu'un vain caprice, une bizarre humeur,
Pour mes péchés, je crois, fit devenir rimeur,
Dans ce rude métier où mon esprit se tue,
En vain pour la trouver je travaille et je sue.
Souvent j'ai beau rêver du matin jusqu'au soir,
Quand je veux dire blanc, la quinteuse dit noir.

Si je veux d'un galant dépeindre la figure
Ma plume pour rimer trouve l'abbé de Pure ;
Si je pense exprimer un auteur sans défaut,
La raison dit Virgile et la rime Quinaut ?
Enfin, quoi que je fasse ou que je veuille faire,
La bizarre toujours vient m'offrir le contraire.
De rage quelquefois, ne pouvant la trouver,
Triste, las et confus, je cesse d'y rêver ;
Et maudissant vingt fois le démon qui m'inspire,
Je fais mille serments de ne jamais écrire.
Mais quand j'ai bien maudit et muses et Phébus,
Je la vois qui paraît quand je n'y pense plus :
Aussitôt malgré moi tout mon feu se rallume ;
Je reprends sur-le-champ le papier et la plume,
Et de mes vains serments perdant le souvenir,
J'attends de vers en vers qu'elle daigne venir.
Encor si pour rimer, dans sa verve indiscrète,
Ma muse au moins souffrait une froide épithète,
Je ferais comme un autre ; et, sans chercher si loin,
J'aurais toujours des mots pour les coudre au besoin :
Si je louais Philis, *en miracles féconde*,
Je trouverais bientôt, *à nulle autre seconde* ;
Si je voulais vanter un objet *nonpareil*,
Je mettrais à l'instant *plus beau que le soleil.*
Enfin, parlant toujours d'*astres et de merveilles,*
De chefs-d'œuvre des cieux, de beautés sans pareilles,
Avec tous ces beaux mots, souvent mis au hasard,
Je pourrais aisément, sans génie et sans art,
Et transposant cent fois et le nom et le verbe,
Dans mes vers recousus mettre en pièces Malherbe.
Mais mon esprit, tremblant sur le choix de ses mots,

N'en dira jamais un s'il ne tombe à propos,
Et ne saurait souffrir qu'une phrase insipide
Vienne à la fin d'un vers remplir la place vide :
Ainsi, recommençant un ouvrage vingt fois,
Si j'écris quatre mots, j'en effacerai trois.

Maudit soit le premier dont la verve insensée
Dans les bornes d'un vers renferma sa pensée,
Et donnant à ses mots une étroite prison,
Voulut avec la rime enchaîner la raison !
Sans ce métier, fatal au repos de ma vie,
Mes jours pleins de loisir couleraient sans envie :
Je n'aurais qu'à chanter, rire, boire d'autant,
Et, comme un gras chanoine, à mon aise et content,
Passer tranquillement, sans souci, sans affaire,
La nuit à bien dormir et le jour à rien faire.
Mon cœur, exempt de soins, libre de passion,
Sait donner une borne à son ambition ;
Et fuyant des grandeurs la présence importune,
Je ne vais point au Louvre adorer la fortune ;
Et je serais heureux si, pour me consumer,
Un destin envieux ne m'avait fait rimer.

Mais depuis le moment que cette frénésie
De ses noires vapeurs troubla ma fantaisie,
Et qu'un démon, jaloux de mon contentement,
M'inspira le dessein d'écrire poliment,
Tous les jours, malgré moi, cloué sur un ouvrage,
Retouchant un endroit, effaçant une page,
Enfin passant ma vie en ce triste métier,
J'envie, en écrivant, le sort de Pelletier.

Bienheureux Scudéri, dont la fertile plume
Peut tous les mois sans peine enfanter un volume !
Tes écrits, il est vrai, sans art et languissants,
Semblent être formés en dépit du bon sens :
Mais ils trouvent pourtant, quoi qu'on en puisse dire,
Un marchand pour les vendre et des sots pour les lire.
Et quand la rime enfin se trouve au bout des vers,
Qu'importe que le reste y soit mis de travers ?
Malheureux mille fois celui dont la manie
Veut aux règles de l'art asservir son génie !
Un sot, en écrivant, fait tout avec plaisir :
Il n'a point en ses vers l'embarras de choisir ;
Et toujours amoureux de ce qu'il vient d'écrire,
Ravi d'étonnement, en soi-même il s'admire.
Mais un esprit sublime en vain veut s'élever
A ce degré parfait qu'il tâche de trouver ;
Et, toujours mécontent de ce qu'il vient de faire,
Il plaît à tout le monde, et ne saurait se plaire :
Et tel, dont en tous lieux chacun vante l'esprit,
Voudrait pour son repos n'avoir jamais écrit.

Toi donc qui vois les maux où ma muse s'abîme,
De grâce, enseigne-moi l'art de trouver la rime,
Ou, puisque enfin tes soins y seraient superflus,
Molière, enseigne-moi l'art de ne rimer plus.

—

SATIRE III

SUR UN REPAS RIDICULE

Quel sujet inconnu vous trouble et vous altère ?
D'où vous vient aujourd'hui cet air sombre et sévère
Et ce visage enfin plus pâle qu'un rentier
A l'aspect d'un arrêt * qui retranche un quartier ?
Qu'est devenu ce teint dont la couleur fleurie
Semblait d'ortolans seuls et de bisques nourrie,
Où la joie en son lustre attirait les regards,
Et le vin en rubis brillait de toutes parts ?
Qui vous a pu plonger dans cette humeur chagrine ?
A-t-on par quelque édit réformé la cuisine ?
Ou quelque longue pluie inondant vos vallons,
A-t-elle fait couler vos vins et vos melons ?
Répondez donc enfin, ou bien je me retire.

Ah ! de grâce, un moment, souffrez que je respire.
Je sors de chez un fat qui, pour m'empoisonner,
Je pense, exprès chez lui m'a forcé de dîner.
Je l'avais bien prévu. Depuis près d'une année,

---

* Le roi avait supprimé, en 1664, un quartier des rentes
constituées sur l'Hôtel-de-Ville.

J'éludais tous les jours sa poursuite obstinée.
Mais hier il m'aborde, et me serrant la main :
Ah ! monsieur, m'a-t-il dit, je vous attends demain.
N'y manquez pas au moins. J'ai quatorze bouteilles
D'un vin vieux... Boucingo n'en a point de pareilles ;
Et je gagerais bien que chez le commandeur,
Villandri priserait sa sève et sa verdeur.
Molière avec Tartufe * y doit jouer son rôle :
Et Lambert, qui plus est, m'a donné sa parole.
C'est tout dire, en un mot, et vous le connaissez.
Quoi ! Lambert ? Oui, Lambert. A demain. C'est assez.

Ce matin donc, séduit par sa vaine promesse,
J'y cours, midi sonnant, au sortir de la messe.
A peine étais-je entré, que, ravi de me voir,
Mon homme, en m'embrassant, m'est venu recevoir,
Et montrant à mes yeux une allégresse entière :
Nous n'avons, m'a-t-il dit, ni Lambert ni Molière,
Mais puisque je vous vois, je me tiens trop content.
Vous êtes un brave homme : entrez; on vous attend.

A ces mots, mais trop tard, reconnaissant ma faute,
Je le suis en tremblant dans une chambre haute,
Où, malgré les volets, le soleil irrité
Formait un poêle ardent au milieu de l'été.
Le couvert était mis dans ce lieu de plaisance,
Où j'ai trouvé d'abord, pour toute connaissance,
Deux nobles campagnards, grands lecteurs de romans,

---

* La comédie du *Tartufe* avait été défendue en ce temps-
là, et tout le monde voulait avoir Molière pour la lui entendre réciter.

Qui m'ont dit tout Cyrus * dans leurs longs compliments.
J'enrageais. Cependant on apporte un potage.
Un coq y paraissait en pompeux équipage,
Qui, changeant sur ce plat et d'état et de nom,
Par tous les conviés s'est appelé chapon.
Deux assiettes suivaient, dont l'une était ornée
D'une langue en ragoût, de persil couronnée :
L'autre, d'un godiveau tout brûlé par dehors,
Dont un beurre gluant inondait tous les bords.
On s'assied : mais d'abord notre troupe serrée
Tenait à peine autour d'une table carrée,
Où chacun, malgré soi, l'un sur l'autre porté,
Faisait un tour à gauche et mangeait de côté.
Jugez en cet état si je pouvais me plaire,
Moi qui ne compte rien, ni le vin ni la chère,
Si l'on n'est plus au large assis en un festin
Qu'aux sermons de Cassagne ou de l'abbé Cotin.

Notre hôte cependant s'adressant à la troupe :
Que vous semble, a-t-il dit, du goût de cette soupe ?
Sentez-vous le citron dont on a mis le jus
Avec des jaunes d'œufs mêlés dans du verjus ?
Ma foi, vive Mignot et tout ce qu'il apprête !
Les cheveux cependant me dressaient à la tête :
Car Mignot, c'est tout dire, et dans le monde entier
Jamais empoisonneur ne sut mieux son métier.
J'approuvais tout pourtant de la mine et du geste,
Pensant qu'au moins le vin dût réparer le reste.
Pour m'en éclaircir donc, j'en demande : et d'abord

* *Artamène* ou *le Grand Cyrus*, roman de mademoiselle
de Scudéri, en dix volumes.

Un laquais effronté m'apporte un rouge-bord
D'un auvernat fameux, qui, mêlé de lignage *,
Se vendait chez Crenet pour vin de l'ermitage,
Et qui, rouge et vermeil, mais fade et doucereux,
N'avait rien qu'un goût plat et qu'un déboire affreux.
A peine ai-je senti cette liqueur traîtresse,
Que de ces vins mêlés j'ai reconnu l'adresse.
Toutefois avec l'eau que j'y mets à foison
J'espérais adoucir la force du poison.
Mais, qui l'aurait pensé! pour comble de disgrâce,
Par le chaud qu'il faisait nous n'avions point de glace.
Point de glace, bon Dieu! dans le fort de l'été!
Au mois de juin! Pour moi, j'étais si transporté,
Que, donnant de fureur tout le festin au diable,
Je me suis vu vingt fois prêt à quitter la table;
Et, dût-on m'appeler et fantasque et bourru,
J'allais sortir enfin quand le rôt a paru.

Sur un lièvre flanqué de six poulets étiques
S'élevaient trois lapins, animaux domestiques,
Qui, dès leur tendre enfance élevés dans Paris,
Sentaient encor le chou dont ils furent nourris.
Autour de cet amas de viandes entassées
Régnait un long cordon d'alouettes pressées,
Et sur les bords du plat six pigeons étalés
Présentaient pour renfort leurs squelettes brûlés.
A côté de ce plat paraissaient deux salades,
L'une de pourpier jaune, et l'autre d'herbes fades,

* Deux fameux vins des environs d'Orléans.

Dont l'huile de fort loin saisissait l'odorat,
Et nageait dans des flots de vinaigre rosat.
Tous mes sots, à l'instant changeant de contenance,
Ont loué du festin la superbe ordonnance ;
Tandis que mon faquin, qui se voyait priser,
Avec un ris moqueur les priait d'excuser.
Surtout certain hableur, à la gueule affamée,
Qui vint à ce festin conduit par la fumée,
Et qui s'est dit profès dans l'ordre des coteaux *,
A fait en bien mangeant l'éloge des morceaux.
Je riais de le voir, avec sa mine étique,
Son rabat jadis blanc, et sa perruque antique.
En lapins de garenne ériger nos clapiers,
Et nos pigeons cauchois en superbes ramiers,
Et pour flatter notre hôte, observant son visage,
Composer sur ses yeux son geste et son langage :
Quand notre hôte charmé, m'avisant sur ce point :
Qu'avez-vous donc, dit-il, que vous ne mangez point ?
Je vous trouve aujourd'hui l'âme toute inquiète,
Et les morceaux entiers restent sur votre assiette.
Aimez-vous la muscade ? on en a mis partout !
Ah ! monsieur, ces poulets sont d'un merveilleux goût !
Ces pigeons sont dodus, mangez, sur ma parole.
J'aime à voir aux lapins cette chair blanche et molle.
Ma foi, tout est passable, il le faut confesser,
Et Mignot aujourd'hui s'est voulu surpasser.

---

* Ce nom fut donné à trois grands seigneurs tenant
table, qui étaient partagés sur l'estime qu'on devait faire
des vins des coteaux des environs de Reims : ils avaient
chacun leurs partisans. (*Note de Boileau.*) — Ces trois seigneurs étaient, dit-on, le commandeur de Souvré, le duc
de Mortemart et le marquis de Sillery.

Quand on parle de sauce, il faut qu'on y raffine :
Pour moi, j'aime surtout que le poivre y domine :
J'en suis fourni, Dieu sait ! et j'ai tout Pelletier
Roulé dans mon office en cornets de papier.
A tous ces beaux discours j'étais comme une pierre,
Ou comme la statue est au Festin de Pierre ;
Et, sans dire un seul mot, j'avalais au hasard
Quelque aile de poulet dont j'arrachais le lard.

Cependant mon hâbleur, avec une voix haute,
Porte à mes campagnards la santé de notre hôte,
Qui tous deux pleins de joie, en jetant un grand cri,
Avec un rouge-bord acceptent son défi.
Un si galant exploit réveillant tout le monde,
On a porté partout des verres à la ronde,
Où les doigts des laquais, dans la crasse tracés,
Témoignaient par écrit qu'on les avait rincés :
Quand un des conviés, d'un ton mélancolique,
Lamentant tristement une chanson bachique,
Tous mes sots à la fois, ravis de l'écouter,
Détonnant de concert, se mettent à chanter.
La musique sans doute était rare et charmante !
L'un traîne en longs fredons une voix glapissante :
Et l'autre, l'appuyant de son aigre fausset,
Semble un violon faux qui jure sous l'archet.

Sur ce point un jambon d'assez maigre apparence
Arrive sous le nom de jambon de Mayence.
Un valet le portait, marchant à pas comptés,
Comme un recteur suivi des quatre facultés.
Deux marmitons crasseux, revêtus de serviettes,

Lui servaient de massiers *, et portaient deux assiettes,
L'une de champignons avec des ris de veau,
Et l'autre de pois verts qui se noyaient dans l'eau.
Un spectacle si beau surprenant l'assemblée,
Chez tous les conviés la joie est redoublée :
Et la troupe à l'instant, cessant de fredonner,
D'un ton gravement fou s'est mise à raisonner.
Le vin au plus muet fournissant des paroles,
Chacun a débité ses maximes frivoles,
Réglé les intérêts de chaque potentat,
Corrigé la police et réformé l'État;
Puis de là s'embarquant dans la nouvelle guerre,
A vaincu la Hollande ou battu l'Angleterre **.

Enfin, laissant en paix tous ces peuples divers,
De propos en propos on a parlé de vers.
Là tous mes sots, enflés d'une nouvelle audace,
Ont jugé des auteurs en maîtres du Parnasse.
Mais notre hôte surtout, pour la justesse et l'art,
Elevait jusqu'au ciel Théophile et Ronsard·
Quand un des campagnards, relevant sa moustache
Et son feutre à grands poils ombragé d'un panache,
Impose à tous silence, et d'un ton de docteur :
« Morbleu ! dit-il, la Serre est un charmant auteur !
Ses vers sont d'un beau style et sa prose est coulante.
La Pucelle est encore une œuvre bien galante,
Et je ne sais pourquoi je bâille en la lisant.

---

* Quand le recteur de l'université allait en procession,
il était accompagné de deux massiers, espèce de bedeaux
portant des masses ou bâtons à têtes, garnis d'argent.
** L'Angleterre et la Hollande étaient alors en guerre.

Le Païs, sans mentir, est un bouffon plaisant :
Mais je ne trouve rien de beau dans ce Voiture.
Ma foi, le jugement sert bien dans la lecture.
A mon gré, le Corneille est joli quelquefois.
En vérité, pour moi, j'aime le beau françois.
Je ne sais pas pourquoi l'on vante l'*Alexandre* *;
Ce n'est qu'un glorieux qui ne dit rien de tendre.
Les héros chez Quinault parlent bien autrement,
Et jusqu'à « Je vous hais, » tout s'y dit tendrement **.
On dit qu'on l'a drapé dans certaine satire :
Qu'un jeune homme... — Ah ! je sais ce que vous voulez
A répondu notre hôte : « Un auteur sans défaut, [dire,
» La raison dit Virgile, et la rime Quinaut. »
Justement. A mon gré, la pièce est assez plate.
Et puis, blâmer Quinault !... Avez-vous vu l'*Astrate* *** ?
C'est là ce qu'on appelle un ouvrage achevé.
Surtout l'Anneau royal me semble bien trouvé.
Son sujet est conduit d'une belle manière,
Et chaque acte, en sa pièce, est une pièce entière.
Je ne puis plus souffrir ce que les autres font.
— Il est vrai que Quinault est un esprit profond,
A repris certain fat qu'à sa mine discrète
Et son maintien jaloux j'ai reconnu poëte :
Mais il en est pourtant qui le pourraient valoir.
— Ma foi, ce n'est pas vous qui nous le ferez voir,
A dit mon campagnard avec une voix claire,
Et déjà tout bouillant de vin et de colère.

---

* Tragédie de Racine.
** Allusion à des vers de *Stratonice*, tragédie de Qui-
nault.
*** Tragédie du même auteur.

— Peut-être, a dit l'auteur pâlissant de courroux :
Mais vous, pour en parler, vous y connaissez-vous ?
— Mieux que vous mille fois, dit le noble en furie.
— Vous ? mon Dieu ! mêlez-vous de boire, je vous prie,
A l'auteur sur-le-champ aigrement reparti.
— Je suis donc un sot, moi ? vous en avez menti !
Reprend le campagnard ; » et, sans plus de langage,
Lui jette pour défi son assiette au visage.
L'autre esquive le coup, et l'assiette volant
S'en va frapper le mur et revient en roulant.
A cet affront l'auteur, se levant de la table,
Lance à mon campagnard un regard effroyable ;
Et chacun vainement se ruant entre deux,
Nos braves s'accrochant se prennent aux cheveux.
Aussitôt sous leurs pieds les tables renversées
Font voir un long débris de bouteilles cassées :
En vain à lever tout les valets sont fort prompts,
Et les ruisseaux de vin coulent aux environs.

Enfin, pour arrêter cette lutte barbare,
De nouveau l'on s'efforce, on crie, on les sépare ;
Et leur première ardeur passant en un moment,
On a parlé de paix et d'accommodement.
Mais, tandis qu'à l'envi tout le monde y conspire,
J'ai gagné doucement la porte sans rien dire,
Avec un bon serment que si pour l'avenir
En pareille cohue on me peut retenir,
Je consens de bon cœur, pour punir ma folie,
Que tous les vins pour moi deviennent vins de Brie ;
Qu'à Paris le gibier manque tous les hivers,
Et qu'à peine au mois d'août l'on mange des pois verts.

SATIRE IV

—

A L'ABBÉ LE VAYER

SUR LA FOLIE DE LA PLUPART DES HOMMES

D'où vient, cher le Vayer, que l'homme le moins sage
Croit toujours seul avoir la sagesse en partage,
Et qu'il n'est point de fou qui, par belles raisons,
Ne loge son voisin aux Petites-Maisons?

Un pédant, enivré de sa vaine science,
Tout hérissé de grec, tout bouffi d'arrogance,
Et qui, de mille auteurs retenus mot pour mot,
Dans sa tête entassés, n'a souvent fait qu'un sot,
Croit qu'un livre fait tout, et que, sans Aristote,
La raison ne voit goutte, et le bon sens radote.

D'autre part un galant, de qui tout le métier
Est de courir le jour de quartier en quartier,
Et d'aller, à l'abri d'une perruque blonde,
De ses froides douceurs fatiguer tout le monde,
Condamne la science; et blâmant tout écrit,
Croit qu'en lui l'ignorance est un titre d'esprit,

Que c'est des gens de cour le plus beau privilége,
Et renvoie un savant dans le fond d'un collége.

Un bigot orgueilleux, qui, dans sa vanité,
Croit duper jusqu'à Dieu par son zèle affecté,
Couvrant tous ses défauts d'une sainte apparence,
Damne tous les humains de sa pleine puissance.

Un libertin d'ailleurs, qui, sans âme et sans foi,
Se fait de son plaisir une suprême loi,
Tient que ces vieux propos de démons et de flammes
Sont bons pour étonner des enfants et des femmes,
Que c'est s'embarrasser de soucis superflus,
Et qu'enfin tout dévot a le cerveau perclus.

En un mot, qui voudrait épuiser ces matières,
Peignant de tant d'esprits les diverses manières,
Il compterait plutôt combien, dans un printemps,
Guenaud et l'antimoine ont fait mourir de gens,
Et combien la Neveu, devant son mariage,
A de fois au public vendu son pucelage.

Mais sans errer en vain dans ces vagues propos,
Et pour rimer ici ma pensée en deux mots,
N'en déplaise à ces fous nommés sages de Grèce,
En ce monde il n'est point de parfaite sagesse :
Tous les hommes sont fous, et malgré tous leurs soins,
Ne diffèrent entre eux que du plus ou du moins.
Comme on voit qu'en un bois que cent routes séparent
Les voyageurs sans guide assez souvent s'égarent,
L'un à droite l'autre à gauche, et courant vainement,
La même erreur les fait errer diversement :

Chacun suit dans le monde une route incertaine,
Selon que son erreur le joue et le promène ;
Et tel y fait l'habile et nous traite de fous,
Qui sous le nom de sage est le plus fou de tous.
Mais quoi que sur ce point la satire publie,
Chacun veut en sagesse ériger sa folie ;
Et se laissant régler à son esprit tortu,
De ses propres défauts se fait une vertu.
Ainsi, cela soit dit pour qui veut se connaître,
Le plus sage est celui qui ne pense point l'être ;
Qui, toujours pour un autre enclin vers la douceur,
Se regarde soi-même en sévère censeur,
Rend à tous ses défauts une exacte justice,
Et fait sans se flatter le procès à son vice.
Mais chacun pour soi-même est toujours indulgent.

Un avare, idolâtre et fou de son argent,
Rencontrant la disette au sein de l'abondance,
Appelle sa folie une rare prudence,
Et met toute sa gloire et son souverain bien
A grossir un trésor qui ne lui sert de rien.
Plus il le voit accru, moins il en fait usage.

Sans mentir, l'avarice est une étrange rage,
Dira cet autre fou, non moins privé de sens,
Qui jette, furieux, son bien à tous venants,
Et dont l'âme inquiète, à soi-même importune,
Se fait un embarras de sa bonne fortune.
Qui des deux, en effet, est le plus aveuglé ?

L'un et l'autre, à mon sens, ont le cerveau troublé,
Répondra chez Frédoc ce marquis sage et rude,

Et qui sans cesse au jeu, dont il fait son étude,
Attendant son destin d'un quatorze ou d'un sept,
Voit sa vie ou sa mort sortir de son cornet.
Que si d'un sort fâcheux la maligne inconstance
Vient par un coup fatal faire tourner la chance,
Vous le verrez bientôt, les cheveux hérissés,
Et les yeux vers le ciel de fureur élancés,
Ainsi qu'un possédé que le prêtre exorcise,
Fêter dans ses serments tous les saints de l'Église.
Qu'on le lie, ou je crains, à son air furieux,
Que ce nouveau Titan n'escalade les cieux.

Mais laissons-le plutôt en proie à son caprice.
Sa folie, aussi bien, lui tient lieu de supplice.
Il est d'autres erreurs dont l'aimable poison
D'un charme bien plus doux enivre la raison :
L'esprit dans ce nectar heureusement s'oublie.

Chapelain veut rimer, et c'est là sa folie.
Mais bien que ses durs vers, d'épithètes enflés,
Soient des moindres grimauds chez Ménage * sifflés,
Lui-même il s'applaudit, et, d'un esprit tranquille,
Prend le pas au Parnasse au-dessus de Virgile.
Que ferait-il, hélas ! si quelque audacieux
Allait pour son malheur lui dessiller les yeux,
Lui faisant voir ses vers et sans force et sans grâces,
Montés sur deux grands mots comme sur deux échasses ;
Ses termes sans raison l'un de l'autre écartés,
Et ses froids ornements à la ligne plantés ?

---

* **Ménage** tenait chez lui, tous les mercredis, des assemblées qu'il appelait *mercuriales*.

Qu'il maudirait le jour où son âme insensée
Perdit l'heureuse erreur qui charmait sa pensée !

Jadis certain bigot, d'ailleurs homme sensé,
D'un mal assez bizarre eut le cerveau blessé,
S'imaginant sans cesse, en sa douce manie,
Des esprits bienheureux entendre l'harmonie.
Enfin, un médecin fort expert en son art
Le guérit par adresse, ou plutôt par hasard.
Mais voulant de ses soins exiger le salaire,
Moi ! vous payer ! lui dit le bigot en colère,
Vous dont l'art infernal, par des secrets maudits,
En me tirant d'erreur m'ôte du paradis !

J'approuve son courroux ; car, puisqu'il faut le dire,
Souvent de tous nos maux la raison est le pire.
C'est elle qui, farouche au milieu des plaisirs,
D'un remords importun vient brider nos désirs.
La fâcheuse a pour nous des rigueurs sans pareilles ;
C'est un pédant qu'on a sans cesse à ses oreilles,
Qui toujours nous gourmande, et, loin de nous toucher,
Souvent, comme Joly, perd son temps à prêcher.
En vain certains rêveurs nous l'habillent en reine,
Veulent sur tous nos sens la rendre souveraine,
Et, s'en formant en terre une divinité,
Pensent aller par elle à la félicité ·
C'est elle, disent-ils, qui nous montre à bien vivre.
Ces discours, il est vrai, sont fort beaux dans un livre ;
Je les estime fort : mais je trouve, en effet,
Que le plus fou souvent est le plus satisfait.

SATIRE V

AU MARQUIS DE DANGEAU

SUR LA VÉRITABLE NOBLESSE

La noblesse, Dangeau, n'est pas une chimère,
Quand, sous l'étroite loi d'une vertu sévère,
Un homme issu d'un sang fécond en demi-dieux
Suit, comme toi, la trace où marchaient ses aïeux.
Mais je ne puis souffrir qu'un fat, dont la mollesse
N'a rien pour s'appuyer qu'une vaine noblesse,
Se pare insolemment du mérite d'autrui,
Et me vante un honneur qui ne vient pas de lui.
Je veux que la valeur de ses aïeux antiques
Ait fourni de matière aux plus vieilles chroniques,
Et que l'un des Capets, pour honorer leur nom,
Ait de trois fleurs de lis doté leur écusson :
Que sert ce vain amas d'une inutile gloire,
Si, de tant de héros célèbres dans l'histoire,
Il ne peut rien offrir aux yeux de l'univers
Que de vieux parchemins qu'ont épargnés les vers ?

Si, tout sorti qu'il est d'une source divine,
Son cœur dément en lui sa superbe origine,
Et n'ayant rien de grand qu'une sotte fierté,
S'endort dans une lâche et molle oisiveté ?
Cependant, à le voir avec tant d'arrogance
Vanter le faux éclat de sa haute naissance,
On dirait que le ciel est soumis à sa loi,
Et que Dieu l'a pétri d'autre limon que moi.
Enivré de lui-même, il croit, dans sa folie,
Qu'il faut que devant lui d'abord tout s'humilie.
Aujourd'hui toutefois, sans trop le ménager,
Sur ce ton un peu haut je vais l'interroger :

Dites-moi, grand héros, esprit rare et sublime,
Entre tant d'animaux qui sont ceux qu'on estime ?
On fait cas d'un coursier qui, fier et plein de cœur,
Fait paraître en courant sa bouillante vigueur ;
Qui jamais ne se lasse, et qui dans la carrière
S'est couvert mille fois d'une noble poussière :
Mais la postérité d'Alfane * et de Bayard **.
Quand ce n'est qu'une rosse, est vendue au hasard,
Sans respect des aïeux dont elle est descendue,
Et va porter la malle ou tirer la charrue.
Pourquoi donc voulez-vous que, par un sot abus,
Chacun respecte en vous un honneur qui n'est plus ?
On ne m'éblouit point d'une apparence vaine :
La vertu d'un cœur noble est la marque certaine :
Si vous êtes sorti de ces héros fameux,

* Cheval du roi Gradasse, dans l'Arioste.
** Cheval de Renaud de Montauban, l'aîné des quatre
fils Aymon.

Montrez-nous cette ardeur qu'on vit briller en eux,
Ce zèle pour l'honneur, cette horreur pour le vice.
Respectez-vous les lois ? fuyez-vous l'injustice ?
Savez-vous pour la gloire oublier le repos,
Et dormir en plein champ le harnais sur le dos ?
Je vous connais pour noble à ces illustres marques.
Alors soyez issu des plus fameux monarques,
Venez de mille aïeux ; et si ce n'est assez,
Feuilletez à loisir tous les siècles passés :
Voyez de quel guerrier il vous plaît de descendre ;
Choisissez de César, d'Achille ou d'Alexandre :
En vain un faux censeur voudrait vous démentir,
Et si vous n'en sortez, vous en devez sortir.
Mais fussiez-vous issu d'Hercule en droite ligne,
Si vous ne faites voir qu'une bassesse indigne,
Ce long amas d'aïeux que vous diffamez tous
Sont autant de témoins qui parlent contre vous ;
Et tout ce grand éclat de leur gloire ternie
Ne sert plus que de jour à votre ignominie.
En vain, tout fier d'un sang que vous déshonorez,
Vous dormez à l'abri de ces noms révérés ;
En vain vous vous couvrez des vertus de vos pères,
Ce ne sont à mes yeux que de vaines chimères ;
Je ne vois rien en vous qu'un lâche, un imposteur,
Un traître, un scélérat, un perfide, un menteur,
Un fou dont les accès vont jusqu'à la furie,
Et d'un tronc fort illustre une branche pourrie.

Je m'emporte peut-être, et ma muse en fureur
Verse dans ses discours trop de fiel et d'aigreur :
Il faut avec les grands un peu de retenue.

Eh bien ! je m'adoucis. Votre race est connue.
Depuis quand ? répondez. Depuis mille ans entiers,
Et vous pouvez fournir deux fois seize quartiers.
C'est beaucoup. Mais enfin les preuves en sont claires :
Tous les livres sont pleins des titres de vos pères ;
Leurs noms sont échappés du naufrage des temps.
Mais qui m'assurera qu'en ce long cercle d'ans
A leurs fameux époux vos aïeules fidèles
Aux douceurs des galants furent toujours rebelles ?
Et comment savez-vous si quelque audacieux
N'a point interrompu le cours de vos aïeux ;
Et si leur sang tout pur, ainsi que leur noblesse,
Est passé jusqu'à vous de Lucrèce en Lucrèce ?

Que maudit soit le jour où cette vanité
Vint ici de nos mœurs souiller la pureté !
Dans les temps bienheureux du monde en son enfance,
Chacun mettait sa gloire en sa seule innocence,
Chacun vivait content et sous d'égales lois :
Le mérite y faisait la noblesse et les rois :
Et sans chercher l'appui d'une naissance illustre,
Un héros de soi-même empruntait tout son lustre.
Mais enfin par le temps le mérite avili
Vit l'honneur en roture et le vice anobli ;
Et l'orgueil, d'un faux titre appuyant sa faiblesse,
Maîtrisa les humains sous le nom de noblesse.
De là vinrent en foule et marquis et barons :
Chacun pour ses vertus n'offrit plus que des noms.
Aussitôt maint esprit fécond en rêveries
Inventa le blason avec les armoiries,
De ses termes obscurs fit un langage à part,

Composa tous ces mots de cimier et d'écart,
De pal, de contrepal, de lambel et de fasce,
Et tout ce que Segoing dans son Mercure entasse.
Une vaine folie enivrant la raison,
L'honneur triste et honteux ne fut plus de saison.
Alors pour soutenir son rang et sa naissance,
Il fallut étaler le luxe et la dépense ;
Il fallut habiter un superbe palais,
Faire par les couleurs distinguer ses valets ;
Et, traînant en tous lieux de pompeux équipages,
Le duc et le marquis * se reconnut aux pages.

Bientôt, pour subsister, la noblesse sans bien
Trouva l'art d'emprunter et de ne rendre rien,
Et bravant des sergents la timide cohorte,
Laissa le créancier se morfondre à sa porte.
Mais pour comble, à la fin, le marquis en prison
Sous le faix des procès vit tomber sa maison.
Alors le noble altier, pressé de l'indigence,
Humblement du faquin rechercha l'alliance :
Avec lui trafiquant d'un nom si précieux,
Par un lâche contrat vendit tous ses aïeux ;
Et corrigeant ainsi la fortune ennemie,
Rétablit son honneur à force d'infamie.

Car, si l'éclat de l'or ne relève le sang,
En vain l'on fait briller la splendeur de son rang ;
L'amour de vos aïeux passe en vous pour manie,
Et chacun pour parent vous fuit et vous renie.

---

* Tous les gentilshommes considérables, en ce temps-là,
avaient des pages.

Mais quand un homme est riche il vaut toujours son prix
Et l'eût-on vu porter la mandille * à Paris,
N'eût-il de son vrai nom ni titre ni mémoire,
D'Hozier lui trouvera cent aïeux dans l'histoire.

Toi donc qui, de mérite et d'honneurs revêtu,
Des écueils de la cour as sauvé ta vertu,
Dangeau qui, dans le rang où notre roi t'appelle,
Le vois, toujours orné d'une gloire nouvelle,
Et plus brillant par soi que par l'éclat des lis,
Dédaigner tous ces rois dans la pourpre amollis;
Fuir d'un honteux loisir la douceur importune,
A ses sages conseils asservir la fortune,
Et de tout son bonheur ne devant rien qu'à soi,
Montrer à l'univers ce que c'est qu'être roi :
Si tu veux te couvrir d'un éclat légitime,
Va par mille beaux faits mériter son estime;
Sers un si noble maître, et fais voir qu'aujourd'hui
Ton prince a des sujets qui sont dignes de lui.

* Petite casaque qu'en ce temps-là portaient les laquais.

SATIRE VI

SUR LES EMBARRAS DE PARIS

Qui frappe l'air, bon Dieu, de ces lugubres cris ?
Est-ce donc pour veiller qu'on se couche à Paris ?
Et quel fâcheux démon, durant les nuits entières,
Rassemble ici les chats de toutes les gouttières ?
J'ai beau sauter du lit, plein de trouble et d'effroi,
Je pense qu'avec eux tout l'enfer est chez moi :
L'un miaule en grondant comme un tigre en furie ;
L'autre roule sa voix comme un enfant qui crie.
Ce n'est pas tout encor : les souris et les rats
Semblent pour m'éveiller s'entendre avec les chats,
Plus importuns pour moi, durant la nuit obscure,
Que jamais, en plein jour, ne fut l'abbé de Pure.

Tout conspire à la fois à troubler mon repos,
Et je me plains ici du moindre de mes maux :
Car à peine les coqs, commençant leur ramage,
Auront de cris aigus frappé le voisinage,
Qu'un affreux serrurier, laborieux Vulcain,
Qu'éveillera bientôt l'ardente soif du gain,

Avec un fer maudit, qu'à grand bruit il apprête,
De cent coups de marteau me va fendre la tête.
J'entends déjà partout les charrettes courir,
Les maçons travailler, les boutiques s'ouvrir :
Tandis que dans les airs mille cloches émues,
D'un funèbre concert font retentir les nues,
Et, se mêlant au bruit de la grêle et des vents,
Pour honorer les morts font mourir les vivants.

Encor je bénirais la bonté souveraine,
Si le ciel à ces maux avait borné ma peine.
Mais si seul en mon lit je peste avec raison,
C'est encor pis vingt fois en quittant la maison :
En quelque endroit que j'aille, il faut fendre la presse
D'un peuple d'importuns qui fourmillent sans cesse :
L'un me heurte d'un ais dont je suis tout froissé.
Je vois d'un autre coup mon chapeau renversé.
Là, d'un enterrement la funèbre ordonnance
D'un pas lugubre et lent vers l'église s'avance,
Et plus loin des laquais l'un l'autre s'agaçant
Font aboyer les chiens et jurer les passants.
Des paveurs en ce lieu me bouchent le passage.
Là je trouve une croix de funeste présage,
Et des couvreurs grimpés au toit d'une maison
En font pleuvoir l'ardoise et la tuile à foison.
Là sur une charrette une poutre branlante
Vient menaçant de loin la foule qu'elle augmente ;
Six chevaux attelés à ce fardeau pesant
Ont peine à l'émouvoir sur le pavé glissant ;
D'un carrosse en tournant il accroche une roue,
Et du choc le renverse en un grand tas de boue :

Quand un autre à l'instant, s'efforçant de passer,
Dans le même embarras se vient embarrasser.
Vingt carrosses bientôt arrivant à la file
Y sont en moins de rien suivis de plus de mille :
Et pour surcroît de maux un sort malencontreux
Conduit en cet endroit un grand troupeau de bœufs ;
Chacun prétend passer ; l'un mugit, l'autre jure :
Des mulets en sonnant augmentent le murmure.
Aussitôt cent chevaux dans la foule appelés,
De l'embarras qui croît ferment les défilés,
Et partout des passants enchaînant les brigades,
Au milieu de la paix font voir les barricades *.
On n'entend que des cris poussés confusément :
Dieu pour s'y faire ouïr tonnerait vainement.
Moi donc, qui dois souvent en certain lieu me rendre,
Le jour déjà baissant, et qui suis las d'attendre,
Ne sachant plus tantôt à quel saint me vouer,
Je me mets au hasard de me faire rouer.
Je saute vingt ruisseaux, j'esquive, je me pousse :
Guenaud sur son cheval en passant m'éclabousse :
Et n'osant plus paraître en l'état où je suis,
Sans songer où je vais, je me sauve où je puis.

Tandis que dans un coin en grondant je m'essuie,
Souvent, pour m'achever, il survient une pluie :
On dirait que le ciel, qui se fond tout en eau,
Veuille inonder ces lieux d'un déluge nouveau.
Pour traverser la rue, au milieu de l'orage,
Un ais sur deux pavés forme un étroit passage ;

---

* Allusion aux barricades qui se firent à Paris au mois
d'août 1648, pendant la guerre de la Fronde.

Le plus hardi laquais n'y marche qu'en tremblant ;
Il faut pourtant passer sur ce pont chancelant ;
Et les nombreux torrents qui tombent des gouttières
Grossissant les ruisseaux en ont fait des rivières.
J'y passe en trébuchant ; mais malgré l'embarras,
La frayeur de la nuit précipite mes pas.

Car, sitôt que du soir les ombres pacifiques
D'un double cadenas font fermer les boutiques ;
Que, retiré chez lui, le paisible marchand
Va revoir ses billets et compter son argent ;
Que dans le Marché-Neuf tout est calme et tranquille,
Les voleurs à l'instant s'emparent de la ville.
Le bois le plus funeste et le moins fréquenté
Est, au prix de Paris, un lieu de sûreté.
Malheur donc à celui qu'une affaire imprévue
Engage un peu trop tard au détour d'une rue !
Bientôt quatre bandits lui serrant les côtés,
La bourse !... Il faut se rendre ; ou bien non, résistez
Afin que votre mort, de tragique mémoire,
Des massacres fameux aille grossir l'histoire.

Pour moi, fermant ma porte et cédant au sommeil,
Tous les jours je me couche avec le soleil.
Mais en ma chambre à peine ai-je éteint la lumière,
Qu'il ne m'est plus permis de fermer la paupière :
Des filous effrontés, d'un coup de pistolet,
Ébranlent ma fenêtre et percent mon volet :
J'entends crier partout : Au meurtre ! On m'assassine
Ou : Le feu vient de prendre à la maison voisine !
Tremblant et demi-mort, je me lève à ce bruit,

Et souvent sans pourpoint * je cours toute la nuit.
Car le feu, dont la flamme en onde se déploie,
Fait de notre quartier une seconde Troie,
Où maint Grec affamé, maint avide Argien,
Au travers des charbons va piller le Troyen.
Enfin sous mille crocs la maison abîmée
Entraîne aussi le feu qui se perd en fumée.

Je me retire donc, encor pâle d'effroi :
Mais le jour est venu quand je rentre chez moi.
Je fais pour reposer un effort inutile :
Ce n'est qu'à prix d'argent qu'on dort en cette ville.
Il faudrait, dans l'enclos d'un vaste logement,
Avoir loin de la rue un autre appartement.

Paris est pour un riche un pays de cocagne :
Sans sortir de la ville il trouve la campagne ;
Il peut dans son jardin, tout peuplé d'arbres verts,
Receler le printemps au milieu des hivers,
Et foulant le parfum de ses plantes fleuries,
Aller entretenir ses douces rêveries.

Mais moi, grâce au destin, qui n'ai ni feu ni lieu,
Je me loge où je puis, et comme il plaît à Dieu.

* Partie de l'ancien habillement français qui couvrait
le corps depuis le cou jusqu'à la ceinture.

SATIRE VII

—

SUR LE GÉNIE DE L'AUTEUR POUR LA SATIRE

Muse, changeons de style et quittons la satire ;
C'est un méchant métier que celui de médire ;
A l'auteur qui l'embrasse il est toujours fatal :
Le mal qu'on dit d'autrui ne produit que du mal.
Maint poëte, aveuglé d'une telle manie,
En courant à l'honneur, trouve l'ignominie ;
Et tel mot, pour avoir réjoui le lecteur,
A coûté bien souvent des larmes à l'auteur.

Un éloge ennuyeux, un froid panégyrique.
Peut pourrir à son aise au fond d'une boutique,
Ne craint point du public les jugements divers,
Et n'a pour ennemis que la poudre et les vers.
Mais un auteur malin, qui rit et qui fait rire,
Qu'on blâme en le lisant, et pourtant qu'on veut lire,
Dans ses plaisants accès qui se croit tout permis,
De ses propres rieurs se fait des ennemis
Un discours trop sincère aisément nous outrage :
Chacun dans ce miroir pense voir son visage ;

Et tel en vous lisant admire chaque trait,
Qui, dans le fond de l'âme, et vous craint et vous hait.

Muse, c'est donc en vain que la main vous démange :
S'il faut rimer ici, rimons quelque louange;
Et cherchons un héros, parmi cet univers,
Digne de notre encens et digne de nos vers.
Mais à ce grand effort en vain je vous anime :
Je ne puis pour louer rencontrer une rime;
Dès que j'y veux rêver ma veine est aux abois.
J'ai beau frotter mon front, j'ai beau mordre mes doigts,
Je ne puis arracher du creux de ma cervelle
Que des vers plus forcés que ceux de *la Pucelle* *.
Je pense être à la gêne; et pour un tel dessein,
La plume et le papier résistent à ma main.
Mais quand il faut railler j'ai ce que je souhaite.
Alors, certes, alors je me connais poëte :
Phébus, dès que je parle, est prêt à m'exaucer;
Mes mots viennent sans peine, et courent se placer.
Faut-il peindre un fripon fameux dans cette ville ?
Ma main, sans que j'y rêve, écrira Raumaville.
Faut-il d'un sot parfait montrer l'original ?
Ma plume au bout du vers d'abord trouve Sofal.
Je sens que mon esprit travaille de génie.
Faut-il d'un froid rimeur dépeindre la manie ?
Mes vers comme un torrent coulent sur le papier ·
Je rencontre à la fois Perrin et Pelletier,
Bonnecorse, Pradon, Colletet, Titreville,
Et pour un que je veux, j'en trouve plus de mille.

* Poëme de Chapelain

Aussitôt je triomphe, et ma muse en secret
S'estime et s'applaudit du beau coup qu'elle a fait.
C'est en vain qu'au milieu de ma fureur extrême
Je me fais quelquefois des leçons à moi-même :
En vain je veux au moins faire grâce à quelqu'un :
Ma plume aurait regret d'en épargner aucun :
Et sitôt qu'une fois la verve me domine,
Tout ce qui s'offre à moi passe par l'étamine.
Le mérite pourtant m'est toujours précieux :
Mais tout fat me déplaît et me blesse les yeux ;
Je le poursuis partout comme un chien fait sa proie,
Et ne le sens jamais qu'aussitôt je n'aboie.
Enfin, sans perdre temps en de si vains propos,
Je sais coudre une rime au bout de quelques mots.
Souvent j'habille en vers une maligne prose :
C'est par là que je vaux, si je vaux quelque chose.
Ainsi, soit que bientôt, par une dure loi,
La mort d'un vol affreux vienne fondre sur moi,
Soit que le ciel me garde un cours long et tranquille,
A Rome ou dans Paris, aux champs ou dans la ville,
Dût ma muse par là chóquer tout l'univers,
Riche, gueux, triste ou gai, je veux faire des vers.

Pauvre esprit, dira-t-on, que je plains ta folie !
Modère ces bouillons de ta mélancolie ;
Et garde qu'un de ceux que tu penses blâmer
N'éteigne dans ton sang cette ardeur de rimer.

Hé quoi ! lorsque autrefois Horace, après Lucile,
Exhalait en bons mots les vapeurs de sa bile,
Et vengeant la vertu par des traits éclatants,
Allait ôter le masque aux vices de son temps ;

Ou bien, quand Juvénal, de sa mordante plume
Faisant couler des flots de fiel et d'amertume,
Gourmandait en courroux tout le peuple latin,
L'un ou l'autre fit-il une tragique fin ?
Et que craindre, après tout, d'une fureur si vaine ?
Personne ne connaît ni mon nom ni ma veine.
On ne voit point mes vers, à l'envi de Montreuil,
Grossir impunément les feuillets d'un recueil.
A peine quelquefois je me force à les lire,
Pour plaire à quelque ami que charme la satire,
Qui me flatte peut-être, et, d'un air imposteur,
Rit tout haut de l'ouvrage, et tout bas de l'auteur.
Enfin, c'est mon plaisir, je veux me satisfaire :
Je ne puis bien parler, et ne saurais me taire ;
Et dès qu'un mot plaisant vient luire à mon esprit,
Je n'ai point de repos qu'il ne soit en écrit :
Je ne résiste point au torrent qui m'entraîne.

Mais c'est assez parlé : prenons un peu d'haleine :
Ma main, pour cette fois, commence à se lasser.
Finissons ; mais demain, Muse, à recommencer.

SATIRE VIII

—

A M. MOREL, DOCTEUR DE SORBONNE

SUR L'HOMME

De tous les animaux qui s'élèvent dans l'air,
Qui marchent sur la terre ou nagent dans la mer,
De Paris au Pérou, du Japon jusqu'à Rome,
Le plus sot animal, à mon avis, c'est l'homme.

Quoi ! dira-t-on d'abord, un ver, une fourmi,
Un insecte rampant qui ne vit qu'à demi,
Un taureau qui rumine, une chèvre qui broute,
Ont l'esprit mieux tourné que n'a l'homme ? Oui, sans
Ce discours te surprend, docteur, je l'aperçoi.   [doute.
L'homme de la nature est le chef et le roi :
Bois, prés, champs, animaux, tout est pour son usage,
Et lui seul a, dis-tu, la raison en partage.
Il est vrai, de tout temps, la raison fut son lot :
Mais de là je conclus que l'homme est le plus sot.

Ces propos, diras-tu, sont bons dans la satire,
Pour égayer d'abord un lecteur qui veut rire.

Mais il faut les prouver. En forme : j'y consens.
Réponds-moi donc, docteur, et mets-toi sur les bancs.
Qu'est-ce que la sagesse? Une égalité d'âme
Que rien ne peut troubler, qu'aucun désir n'enflamme,
Qui marche en ses conseils à pas plus mesurés
Qu'un doyen au palais ne monte les degrés.
Or, cette égalité dont se forme le sage,
Qui jamais moins que l'homme en a connu l'usage?
La fourmi tous les ans traversant les guérets,
Grossit ses magasins des trésors de Cérès :
Et dès que l'aquilon, ramenant la froidure,
Vient de ses noirs frimas attrister la nature,
Cet animal, tapi dans son obscurité,
Jouit, l'hiver, des biens conquis pendant l'été.
Mais on ne la voit point, d'une humeur inconstante,
Paresseuse au printemps, en hiver diligente,
Affronter en plein champ les fureurs de janvier,
Ou demeurer oisive au retour du Bélier.
Mais l'homme, sans arrêt, dans sa course insensée,
Voltige incessamment de pensée en pensée :
Son cœur, toujours flottant entre mille embarras,
Ne sait ni ce qu'il veut ni ce qu'il ne veut pas.
Ce qu'un jour il abhorre, en l'autre il le souhaite.
Moi ! j'irais épouser une femme coquette !
J'irais, par ma constance aux affronts endurci,
Me mettre au rang des saints qu'a célébrés Bussi* !

Assez de sots sans moi feront parler la ville,
Disait le mois passé ce marquis indocile
Qui, depuis quinze jours, dans le piége arrêté,

* Dans son *Histoire amoureuse des Gaules.*
SATIRES DE BOILEAU

5

Entre les bons maris pour exemple cité,
Croit que Dieu, tout exprès, d'une côte nouvelle,
A tiré pour lui seul une femme fidèle.

Voilà l'homme en effet. Il va du blanc au noir
Il condamne au matin ses sentiments du soir :
Importun à tout autre, à soi-même incommode,
Il change à tous moments d'esprit comme de mode :
Il tourne au moindre vent, il tombe au moindre choc,
Aujourd'hui dans un casque et demain dans un froc.

Cependant à le voir, plein de vapeurs légères,
Soi-même se bercer de ses propres chimères,
Lui seul de la nature est la base et l'appui,
Et le dixième ciel ne tourne que pour lui.
De tous les animaux il est, dit-il, le maître.
Qui pourrait le nier? poursuis-tu. Moi, peut-être.
Mais sans examiner si vers les antres sourds,
L'ours a peur du passant ou le passant de l'ours,
Et si, sur un édit des pâtres de Nubie,
Les lions de Barca videraient la Libye;
Ce maître prétendu qui leur donne des lois,
Ce roi des animaux, combien a-t-il de rois?
L'Ambition, l'Amour, l'Avarice, la Haine,
Tiennent comme un forçat son esprit à la chaîne.

Le sommeil sur ses yeux commence à s'épancher :
Debout, dit l'Avarice, il est temps de marcher.
Hé! laissez-moi. Debout. Un moment. Tu répliques?
A peine le soleil fait ouvrir les boutiques.
N'importe, lève-toi. Pour quoi faire, après tout?
Pour courir l'océan de l'un à l'autre bout,

Chercher jusqu'au Japon la porcelaine et l'ambre,
Rapporter de Goa le poivre et le gingembre.
Mais j'ai des biens en foule, et je puis m'en passer.
On n'en peut trop avoir, et pour en amasser
Il ne faut épargner ni crime ni parjure;
Il faut souffrir la faim et coucher sur la dure ;
Eût-on plus de trésors que n'en perdit Galet,
N'avoir en ses maisons ni meubles, ni valet;
Parmi des tas de blé vivre de seigle et d'orge;
De peur de perdre un liard, souffrir qu'on vous égorge.
Et pourquoi cette épargne enfin ? L'ignores-tu ?
Afin qu'un héritier, bien nourri, bien vêtu,
Profitant d'un trésor en tes mains inutile,
De son train quelque jour embarrasse la ville.
Que faire ? Il faut partir : les matelots sont prêts.

Ou si pour l'entraîner l'argent manque d'attraits,
Bientôt l'Ambition et toute son escorte
Dans le sein du repos vient le prendre à main-forte,
L'envoie en furieux, au milieu des hasards,
Se faire estropier sur les pas des Césars,
Et cherchant sur la brèche une mort indiscrète,
De sa folle valeur embellir la gazette.

Tout beau ! dira quelqu'un, raillez plus à propos;
Ce vice fut toujours la vertu des héros.
Quoi donc ! à votre avis, fut-ce un fou qu'Alexandre ?
Qui ? cet écervelé qui mit l'Asie en cendre ?
Ce fougueux l'Angeli qui, de sang altéré,
Maître du monde entier, s'y trouvait trop serré ?
L'enragé qu'il était, né roi d'une province
Qu'il pouvait gouverner en bon et sage prince,

S'en alla follement, et pensant être dieu,
Courir comme un bandit qui n'a ni feu ni lieu;
Et, traînant avec soi les horreurs de la guerre,
De sa vaste folie emplir toute la terre :
Heureux si de son temps, pour cent bonnes raisons,
La Macédoine eût eu des Petites-Maisons *,
Et qu'un sage tuteur l'eût en cette demeure,
Par avis de parents, enfermé de bonne heure !

Mais sans nous égarer dans ces digressions,
Traiter, comme Sénaut, toutes les passions,
Et les distribuant par classes et par titres,
Dogmatiser en vers, et rimer par chapitres,
Laissons-en discourir la Chambre et Coeffeteau;
Et voyons l'homme enfin par l'endroit le plus beau.

Lui seul, vivant, dit-on, dans l'enceinte des villes,
Fait voir d'honnêtes mœurs, des coutumes civiles,
Se fait des gouverneurs, des magistrats, des rois,
Observe une police, obéit à des lois.

Il est vrai. Mais pourtant, sans lois et sans police,
Sans craindre archers, prévôt, ni suppôt de justice,
Voit-on les loups brigands, comme nous inhumains,
Pour détrousser les loups courir les grands chemins ?
Jamais, pour s'agrandir, vit-on dans sa manie
Un tigre en factions partager l'Hircanie ** ?
L'ours a-t-il dans les bois la guerre avec les ours ?
Le vautour dans les airs fond-il sur les vautours ?

* Hôpital de Paris où l'on enferme les fous.
** Province de Perse, sur les bords de la mer Caspienne.

A-t-on vu quelquefois dans les plaines d'Afrique,
Déchirant à l'envi leur propre république,
« Lions contre lions, parents contre parents *,
Combattre follement pour le choix des tyrans ? »
L'animal le plus fier qu'enfante la nature
Dans un autre animal respecte sa figure ;
De sa rage avec lui modère les accès ;
Vit sans bruit, sans débats, sans noise, sans procès.
Un aigle, sur un champ prétendant droit d'aubaine **,
Ne fait point appeler un aigle à la huitaine ;
Jamais, contre un renard chicanant un poulet,
Un renard de son sac n'alla charger Rolet ;
Jamais la biche en rut n'a, pour fait d'impuissance,
Traîné du fond des bois un cerf à l'audience ;
Et jamais juge, entre eux, ordonnant le congrès ***,
De ce burlesque mot n'a sali ses arrêts.
On ne connaît chez eux ni placets ni requêtes,
Ni haut ni bas conseil, ni chambre des enquêtes.
Chacun l'un avec l'autre, en toute sûreté,
Vit sous les pures lois de la simple équité.
L'homme seul, l'homme seul, en sa fureur extrême,
Met un brutal honneur à s'égorger soi-même.
C'était peu que sa main, conduite par l'enfer,
Eût pétri le salpêtre, eût aiguisé le fer :
Il fallait que sa rage, à l'univers funeste,
Allât encor de lois embrouiller un digeste ;

* Parodie de deux vers de la tragédie de *Cinna*.
** Droit du souverain à la succession d'un étranger non naturalisé.
*** Cet usage fut aboli en 1677, sur le plaidoyer de M. le président de Lamoignon, alors avocat-général.

Cherchât pour l'obscurcir des gloses, des docteurs,
Accablât l'équité sous des monceaux d'auteurs,
Et pour comble de maux apportât dans la France
Des harangueurs du temps l'ennuyeuse éloquence.

Doucement, diras-tu : que sert de s'emporter ?
L'homme a ses passions, on n'en saurait douter ;
Il a comme la mer ses flots et ses caprices :
Mais ses moindres vertus balancent tous ses vices.
N'est-ce pas l'homme enfin dont l'art audacieux
Dans le tour d'un compas a mesuré les cieux ?
Dont la vaste science, embrassant toutes choses,
A fouillé la nature, et a percé les causes ?
Les animaux ont-ils des universités ?
Voit-on fleurir chez eux les quatre facultés ?
Y voit-on des savants en droit, en médecine,
Endosser l'écarlate et se fourrer d'hermine * ?
Non, sans doute ; et jamais chez eux un médecin
N'empoisonna les bois de son art assassin.
Jamais docteur armé d'un argument frivole
Ne s'enroua chez eux sur les bancs d'une école.
Mais sans chercher au fond si notre esprit déçu
Sait rien de ce qu'il sait, s'il a jamais rien su,
Toi-même, réponds-moi. Dans le siècle où nous sommes
Est-ce au pied du savoir qu'on mesure les hommes ?

Veux-tu voir tous les grands à ta porte courir ?
Dit un père à son fils dont le poil va fleurir ;

* L'université était composée de quatre facultés : les arts, la théologie, le droit et la médecine. Les docteurs portaient, dans les jours de cérémonie, des robes rouges fourrées d'hermine.

Prends-moi le bon parti : laisse là tous les livres.
Cent francs au denier cinq, combien font-ils ? Vingt livres.
C'est bien dit. Va, tu sais tout ce qu'il faut savoir.
Que de biens, que d'honneurs sur toi s'en vont pleuvoir !
Exerce-toi, mon fils, dans ces hautes sciences;
Prends, au lieu d'un Platon, le Guidon des finances* ;
Sache quelle province enrichit les traitants ;
Combien le sel au roi peut fournir tous les ans.
Endurcis-toi le cœur : sois arabe, corsaire,
Injuste, violent, sans foi, double faussaire.
Ne va point sottement faire le généreux :
Engraisse-toi, mon fils, du suc des malheureux ;
Et trompant de Colbert la prudence importune,
Va par tes cruautés mériter la fortune.
Aussitôt tu verras poëtes, orateurs,
Rhéteurs, grammairiens, astronomes, docteurs,
Dégrader les héros pour te mettre en leurs places,
De tes titres pompeux enfler leurs dédicaces,
Te prouver à toi-même, en grec, hébreu, latin,
Que tu sais de leur art et le fort et le fin.
Quiconque est riche est tout : sans sagesse il est sage,
Il a, sans rien savoir, la science en partage ;
Il a l'esprit, le cœur, le mérite, le rang,
La vertu, la valeur, la dignité, le sang ;
Il est aimé des grands, il est chéri des belles :
Jamais surintendant ne trouva de cruelles.
L'or, même à la laideur, donne un teint de beauté :
Mais tout devient affreux avec la pauvreté.

* Livre qui traite des finances.

C'est ainsi qu'à son fils un usurier habile
Trace vers la richesse une route facile :
Et souvent tel y vient, qui sait, pour tout secret,
Cinq et quatre font neuf, ôtez deux, reste sept.

Après cela, docteur, va pâlir sur la Bible :
Va marquer les écueils de cette mer terrible ;
Perce la sainte horreur de ce livre divin :
Confonds dans un ouvrage et Luther et Calvin ;
Débrouille des vieux temps les*querelles célèbres·
Éclaircis des rabbins les savantes ténèbres :
Afin qu'en ta vieillesse un livre en maroquin
Aille offrir ton travail à quelque heureux faquin,
Qui, pour digne loyer de la Bible éclaircie,
Te paye en l'acceptant d'un « Je vous remercie. »
Ou si ton cœur aspire à des honneurs plus grands,
Quitte là le bonnet, la Sorbonne et les bancs ;
Et prenant désormais un emploi salutaire,
Mets-toi chez un banquier ou bien chez un notaire :
Laisse là saint Thomas s'accorder avec Scot :
Et conclus avec moi qu'un docteur n'est qu'un sot.

Un docteur ! diras-tu. Parlez de vous, poëte :
C'est pousser un peu loin votre muse indiscrète.
Mais sans perdre en discours le temps hors de saison,
L'homme, venez au fait, n'a-t-il pas la raison ?
N'est-ce pas son flambeau, son pilote fidèle ?

Oui. Mais de quoi lui sert que sa voix le rappelle ?
Si, sur la foi des vents, tout prêt à s'embarquer,
Il ne voit point d'écueil qu'il ne l'aille choquer ?
Et que sert à Cotin la raison qui lui crie :

N'écris plus, guéris-toi d'une vaine furie,
Si tous ces vains conseils, loin de la réprimer,
Ne font qu'accroître en lui la fureur de rimer?
Tous les jours de ses vers, qu'à grand bruit il récite,
Il met chez lui voisins, parents, amis en fuite.
Car lorsque son démon commence à l'agiter,
Tout, jusqu'à sa servante, est prêt à déserter.
Un âne, pour le moins, instruit par la nature,
A l'instinct qui le guide obéit sans murmure ;
Ne va point follement de sa bizarre voix
Défier aux chansons les oiseaux dans les bois :
Sans avoir la raison, il marche sur sa route.
L'homme seul, qu'elle éclaire, en plein jour ne voit goutte ;
Réglé par ses avis, fait tout à contre-temps,
Et dans tout ce qu'il fait n'a ni raison ni sens :
Tout lui plaît et déplaît, tout le choque et l'oblige ;
Sans raison il est gai, sans raison il s'afflige ;
Son esprit au hasard aime, évite, poursuit,
Défait, refait, augmente, ôte, élève, détruit.
Et voit-on, comme lui, les ours ni les panthères
S'effrayer sottement de leurs propres chimères ;
Plus de douze attroupés craindre le nombre impair,
Ou croire qu'un corbeau les menace dans l'air ?
Jamais l'homme, dis-moi, vit-il la bête folle
Sacrifier à l'homme, adorer son idole,
Lui venir, comme au dieu des saisons et des vents,
Demander à genoux la pluie ou le beau temps ?
Non. Mais cent fois la bête a vu l'homme hypocondre
Adorer le métal que lui-même il fit fondre ;
A vu dans un pays les timides mortels
Trembler aux pieds d'un singe assis sur leurs autels :

Et sur les bords du Nil les peuples imbéciles,
L'encensoir à la main, chercher les crocodiles.

Mais pourquoi diras-tu, cet exemple odieux ?
Que peut servir ici l'Égypte et ses faux dieux ?
Quoi ! me prouverez-vous par ce discours profane
Que l'homme, qu'un docteur, est au-dessous d'un âne ;
Un âne, le jouet de tous les animaux,
Un stupide animal, sujet à mille maux,
Dont le nom seul en soi comprend une satire ?
Oui, d'un âne : et qu'a-t-il qui nous excite à rire ?
Nous nous moquons de lui : mais s'il pouvait un jour,
Docteur, sur nos défauts s'exprimer à son tour :
Si, pour nous réformer, le ciel prudent et sage,
De la parole enfin lui permettait l'usage ;
Qu'il pût dire tout haut ce qu'il se dit tout bas,
Ah ! docteur, entre nous, que ne dirait-il pas !
Et que peut-il penser lorsque dans une rue
Au milieu de Paris il promène sa vue ;
Qu'il voit de toutes parts les hommes bigarrés,
Les uns gris, les uns noirs, les autres chamarrés ?
Que dit-il quand il voit, avec la mort en trousse,
Courir chez un malade un assassin en housse :
Qu'il trouve de pédants un escadron fourré,
Suivi par un recteur de bedeaux entouré :
Ou qu'il voit la Justice, en grosse compagnie,
Mener tuer un homme avec cérémonie ?
Que pense-t-il de nous lorsque sur le midi
Un hasard au palais le conduit un jeudi * :

* C'était le jour des grandes audiences.

Lorsqu'il entend de loin, d'une gueule infernale,
La chicane en fureur mugir dans la grand'salle ?
Que dit-il quand il voit les juges, les huissiers,
Les clercs, les procureurs, les sergents, les greffiers ?
Oh ! que si l'âne, alors, à bon droit misanthrope,
Pouvait trouver la voix qu'il eut au temps d'Ésope,
De tous côtés, docteur, voyant les hommes fous,
Qu'il dirait de bon cœur, sans en être jaloux,
Content de ses chardons, et secouant la tête :
« Ma foi, non plus que nous l'homme n'est qu'une bête ! »

SATIRE IX

—

L'AUTEUR A SON ESPRIT

C'est à vous, mon esprit, à qui je veux parler,
Vous avez des défauts que je ne puis céler.
Assez et trop longtemps ma lâche complaisance
De vos jeux criminels a nourri l'insolence ;
Mais puisque vous poussez ma patience à bout,
Une fois en ma vie il faut vous dire tout.

On croirait, à vous voir, dans vos libres caprices,
Discourir en Caton des vertus et des vices,
Décider du mérite et du prix des auteurs,
Et faire impunément la leçon aux docteurs ;
Qu'étant seul à couvert des traits de la satire,
Vous avez tout pouvoir de parler et d'écrire ;
Mais moi, qui dans le fond sais bien ce que j'en crois,
Qui compte tous les jours vos défauts par mes doigts,
Je ris quand je vous vois, si faible et si stérile,
Prendre sur vous le soin de réformer la ville,
Dans vos discours chagrins plus aigre et plus mordant
Qu'une femme en furie, ou Gautier en plaidant.

Mais répondez un peu. Quelle verve indiscrète
Sans l'aveu des neuf sœurs vous a rendu poëte ?
Sentiez-vous, dites-moi, ces violents transports
Qui d'un esprit divin font mouvoir les ressorts ?
Qui vous a pu souffler une si folle audace ?
Phébus a-t-il pour vous aplani le Parnasse ?
Et ne savez-vous pas que, sur ce mont sacré,
Qui ne vole au sommet tombe au plus bas degré ?
Et qu'à moins d'être au rang d'Horace ou de Voiture,
On rampe dans la fange avec l'abbé de Pure ?

Que si tous mes efforts ne peuvent réprimer
Cet ascendant malin qui vous force à rimer,
Sans perdre en vains discours tout le fruit de vos veilles,
Osez chanter du roi les augustes merveilles :
Là, mettant à profit vos caprices divers,
Vous verriez tous les ans fructifier vos vers ;
Et par l'espoir du gain votre muse animée
Vendrait au poids de l'or une once de fumée.
Mais en vain, direz-vous, je pense vous tenter
Par l'éclat d'un fardeau trop pesant à porter :
Tout chantre ne peut pas, sur le ton d'un Orphée,
Entonner en grands vers « la Discorde étouffée,
Peindre Bellone en feu tonnant de toutes parts,
Et le Belge effrayé fuyant sur ses remparts *. »
Sur un ton si hardi, sans être téméraire,
Racan pourrait chanter au défaut d'un Homère :
Mais pour Cotin et moi, qui rimons au hasard,
Que l'amour de blâmer fit poëtes par art,

---

* Louis XIV prenait Lille et plusieurs autres villes de
Flandre, dans le temps où Boileau composait cette satire.

Quoiqu'un tas de grimauds vante notre éloquence,
Le plus sûr est pour nous de garder le silence.
Un poëme insipide et sottement flatteur
Déshonore à la fois le héros et l'auteur :
Enfin de tels projets passent notre faiblesse.

Ainsi parle un esprit languissant de mollesse,
Qui, sous l'humble dehors d'un respect affecté,
Cache le noir venin de sa malignité.
Mais dussiez-vous en l'air voir vos ailes fondues,
Ne valait-il pas mieux vous perdre dans les nues,
Que d'aller sans raison, d'un style peu chrétien,
Faire insulte en rimant à qui ne vous dit rien,
Et du bruit dangereux d'un livre téméraire
A vos propres périls enrichir le libraire ?

Vous vous flattez peut-être, en votre vanité,
D'aller comme un Horace à l'immortalité ;
Et déjà vous croyez, dans vos rimes obscures,
Aux Saumaises futurs préparer des tortures.
Mais combien d'écrivains, d'abord si bien reçus,
Sont de ce fol espoir honteusement déçus !
Combien pour quelques mois ont vu fleurir leur livre !
Dont les vers en paquet se vendent à la livre !
Vous pourrez voir un temps vos écrits estimés
Courir de main en main par la ville semés :
Puis de là, tout poudreux, ignorés sur la terre,
Suivre chez l'épicier Neuf-Germain et la Serre :
Ou, de trente feuillets réduits peut-être à neuf,
Parer, demi-rongés, les rebords du Pont-Neuf.
Le bel honneur pour vous, en voyant vos ouvrages

Occuper le loisir des laquais et des pages;
Et souvent dans un coin renvoyés à l'écart,
Servir de second tome aux airs du Savoyard *!
Mais je veux que le sort, par un heureux caprice,
Fasse de vos écrits prospérer la malice,
Et qu'enfin votre livre aille, au gré de vos vœux,
Faire siffler Cotin chez nos derniers neveux :
Que vous sert-il qu'un jour l'avenir vous estime,
Si vos vers aujourd'hui vous tiennent lieu de crime,
Et ne produisent rien, pour fruit de leurs bons mots,
Que l'effroi du public et la haine des sots ?
Quel démon vous irrite et vous porte à médire ?
Un livre vous déplaît : qui vous force à le lire ?
Laissez mourir un fat dans son obscurité :
Un auteur ne peut-il pourrir en sûreté ?
Le Jonas inconnu sèche dans la poussière;
Le David imprimé n'a point vu la lumière;
Le Moïse ** commence à moisir par les bords,
Que mal cela fait-il ? Ceux qui sont morts sont morts :
Le tombeau contre vous ne peut-il les défendre ?
Et qu'ont fait tant d'auteurs pour remuer leur cendre ?
Que vous ont fait Perrin, Bardin, Pradon, Hainaut,
Colletet, Pelletier, Titreville, Quinaut,
Dont les noms en cent lieux, placés comme en leurs niches,
Vont de vos vers malins remplir les hémistiches ?
Ce qu'ils font vous ennuie. O le plaisant détour !
Ils ont bien ennuyé le Roi, toute la cour,

---

* Fameux chanteur d'alors.
** *Jonas*, ou *Ninive pénitente*, poëme, par Coras; *David*,
poëme de Las-Fargues; *Moïse sauvé*, poëme, par Saint-
Amand.

Sans que le moindre édit ait, pour punir leur crime,
Retranché les auteurs ou supprimé la rime.
Écrive qui voudra. Chacun à ce métier
Peut perdre impunément de l'encre et du papier.
Un roman, sans blesser les lois ni la coutume,
Peut conduire un héros au dixième volume *.
De là vient que Paris voit chez lui de tout temps
Les auteurs à grands flots déborder tous les ans ;
Et n'a point de portail où, jusques aux corniches,
Tous les piliers ne soient enveloppés d'affiches.
Vous seul, plus dégoûté, sans pouvoir et sans nom,
Viendrez régler les droits et l'état d'Apollon !
Mais vous, qui raffinez sur les écrits des autres,
De quel œil pensez-vous qu'on regarde les vôtres ?
Il n'est rien en ce temps à couvert de vos coups :
Mais savez-vous aussi comme on parle de vous ?

Gardez-vous, dira l'un, de cet esprit critique :
On ne sait bien souvent quelle mouche le pique.
Mais c'est un jeune fou qui se croit tout permis,
Et qui pour un bon mot va perdre vingt amis.
Il ne pardonne pas aux vers de la Pucelle,
Et croit régler le monde au gré de sa cervelle.
Jamais dans le barreau trouva-t-il rien de bon ?
Peut-on si bien prêcher qu'il ne dorme au sermon ?
Mais lui, qui fait ici le régent du Parnasse,
N'est qu'un gueux revêtu des dépouilles d'Horace.
Avant lui Juvénal avait dit en latin
Qu'on est assis à l'aise aux sermons de Cotin.

---

* *Cyrus, Clélie* et *Pharamond*, romans de mademoiselle
Scudéri, ont chacun dix volumes.

L'un et l'autre avant lui s'étaient plaints de la rime,
Et c'est aussi sur eux qu'il rejette son crime :
Il cherche à se couvrir de ces noms glorieux.
J'ai peu lu ces auteurs : mais tout n'irait que mieux
Quand de ces médisants l'engeance tout entière
Irait la tête en bas rimer dans la rivière.

Voilà comme on vous traite : et le monde effrayé
Vous regarde déjà comme un homme noyé.
En vain quelque rieur, prenant votre défense,
Veut faire au moins, de grâce, adoucir la sentence :
Rien n'apaise un lecteur, toujours tremblant d'effroi,
Qui voit peindre en autrui ce qu'il remarque en soi.

Vous ferez-vous toujours des affaires nouvelles ?
Et faudra-t-il sans cesse essuyer des querelles ?
N'entendrai-je qu'auteurs se plaindre et murmurer ?
Jusqu'à quand vos fureurs doivent-elles durer ?
Répondez, mon esprit ; ce n'est plus raillerie :
Dites... Mais, direz-vous, pourquoi cette furie ?
Quoi ! pour un maigre auteur que je glose en passant,
Est-ce un crime, après tout, et si noir et si grand ?
Et qui, voyant un fat s'applaudir d'un ouvrage
Où la droite raison trébuche à chaque page,
Ne s'écrie aussitôt : L'impertinent auteur !
L'ennuyeux écrivain ! le maudit traducteur !
A quoi bon mettre au jour tous ces discours frivoles,
Et ces riens enfermés dans de grandes paroles ?

Est-ce donc là médire ou parler franchement ?
Non, non, la médisance y va plus doucement.

Si l'on vient à chercher pour quel secret mystère
Alidor à ses frais bâtit un monastère :
Alidor ! dit un fourbe, il est de mes amis :
Je l'ai connu laquais avant qu'il fût commis :
C'est un homme d'honneur, de piété profonde,
Et qui veut rendre à Dieu ce qu'il a pris au monde.

Voilà jouer d'adresse et médire avec art ;
Et c'est avec respect enfoncer le poignard.
Un esprit né sans fard, sans basse complaisance,
Fuit ce ton radouci que prend la médisance.
Mais de blâmer des vers ou durs ou languissants,
De choquer un auteur qui choque le bon sens,
De railler un plaisant qui ne sait pas nous plaire,
C'est ce que tout lecteur eut toujours droit de faire.

Tous les jours à la cour un sot de qualité
Peut juger de travers avec impunité ;
A Malherbe, à Racan, préférer Théophile,
Et le clinquant du Tasse à tout l'or de Virgile.
Un clerc, pour quinze sous, sans craindre le holà,
Peut aller au parterre attaquer Attila :
Et si le roi des Huns ne lui charme l'oreille,
Traiter de Visigoths tous les vers de Corneille.
Il n'est valet d'auteur, ni copiste, à Paris,
Qui, la balance en main, ne pèse les écrits.
Dès que l'impression fait éclore un poëte,
Il est esclave né de quiconque l'achète :
Ils se soumet lui-même aux caprices d'autrui,
Et ses écrits tout seuls doivent parler pour lui.
Un auteur à genoux, dans une humble préface,
Au lecteur qu'il ennuie a beau demander grâce,

Il ne gagnera rien sur ce juge irrité
Qui lui fait son procès de pleine autorité.

Et je serai le seul qui ne pourrai rien dire !
On sera ridicule, et je n'oserai rire !
Et qu'ont produit mes vers de si pernicieux,
Pour armer contre moi tant d'auteurs furieux ?
Loin de les décrier, je les ai fait paraître :
Et souvent, sans ces vers qui les ont fait connaître,
Leur talent dans l'oubli demeurerait caché :
Et qui saurait sans moi que Cotin a prêché ?
La satire ne sert qu'à rendre un fat illustre :
C'est une ombre au tableau qui lui donne du lustre.
En les blâmant enfin j'ai dit ce que j'en croi ;
Et tel qui m'en reprend en pense autant que moi.

Il a tort, dira l'un ; pourquoi faut-il qu'il nomme ?
Attaquer Chapelain ! ah ! c'est un si bon homme !
Balzac en fait l'éloge en cent endroits divers.
Il est vrai, s'il m'eût cru, qu'il n'eût point fait de vers.
Il se tue à rimer ; que n'écrit-il en prose ?
Voilà ce que l'on dit. Et que dis-je autre chose ?
En blâmant ses écrits, ai-je d'un style affreux
Distillé sur sa vie un venin dangereux ?
Ma muse en l'attaquant, charitable et discrète,
Sait de l'homme d'honneur distinguer le poëte.
Qu'on vante en lui la foi, l'honneur, la probité,
Qu'on prise sa candeur et sa civilité ;
Qu'il soit doux, complaisant, officieux, sincère,
On le veut, j'y souscris, et suis prêt à me taire.
Mais que pour un modèle on montre ses écrits ;

Qu'il soit le mieux renté * de tous les beaux esprits :
Comme roi des auteurs qu'on l'élève à l'empire :
Ma bile alors s'échauffe, et je brûle d'écrire :
Et s'il ne m'est permis de le dire au papier,
J'irai creuser la terre, et comme ce barbier,
Faire dire aux roseaux par un nouvel organe :
Midas, le roi Midas a des oreilles d'âne.
Quel tort lui fais-je enfin ? Ai-je par un écrit
Pétrifié sa veine et glacé son esprit ?
Quand un livre au palais se vend et se débite,
Que chacun par ses yeux juge de son mérite,
Que Billaine l'étale au deuxième pilier,
Le dégoût du censeur peut-il le décrier ?
En vain contre le Cid un ministre se ligue **
Tout Paris pour Chimène a les yeux de Rodrigue.
L'Académie en corps a beau le censurer :
Le public révolté s'obstine à l'admirer.
Mais lorsque Chapelain met une œuvre en lumière,
Chaque lecteur d'abord lui devient un Linière ***.
En vain il a reçu l'encens de mille auteurs :
Son livre en paraissant dément tous ses flatteurs.
Ainsi, sans m'accuser, quand tout Paris le joue,
Qu'il s'en prenne à ses vers que Phébus désavoue :
Qu'il s'en prenne à sa muse allemande en françois.
Mais laissons Chapelain pour la dernière fois.

* Les pensions de Chapelain s'élevaient à 8,000 livres.
** Le cardinal de Richelieu enjoignit à l'Académie française de prononcer entre le *Cid* et la critique qui en avait été faite par Scudéri.
*** Auteur qui a écrit contre Chapelain.

La satire, dit-on, est un métier funeste,
Qui plaît à quelques gens et choque tout le reste.
La suite en est à craindre : en ce hardi métier,
La peur plus d'une fois fit repentir Regnier.
Quittez ces vains plaisirs dont l'appât vous abuse :
A de plus doux emplois occupez votre muse,
Et laissez à Feuillet réformer l'univers.

Et sur quoi donc faut-il que s'exercent mes vers ?
Irai-je dans une ode en phrases de Malherbe,
« Troubler dans ses roseaux le Danube superbe;
Délivrer de Sion le peuple gémissant;
Faire trembler Memphis, ou pâlir le croissant;
Et, passant du Jourdain les ondes alarmées,
Cueillir mal à propos les palmes idumées ? »
Viendrai-je en une églogue, entouré de troupeaux,
Au milieu de Paris enfler mes chalumeaux,
Et, dans mon cabinet, assis au pied des hêtres,
Faire dire aux échos des sottises champêtres?
Faudra-t-il de sang-froid, et sans être amoureux,
Pour quelque Iris en l'air faire le langoureux;
Lui prodiguer les noms de Soleil et d'Aurore,
Et toujours bien mangeant, mourir par métaphore?
Je laisse aux doucereux ce langage affété,
Où s'endort un esprit de mollesse hébété.

La satire, en leçons, en nouveautés fertile,
Sait seule assaisonner le plaisant et l'utile,
Et d'un vers qu'elle épure aux rayons du bon sens,
Détromper les esprits des erreurs de leur temps.
Elle seule, bravant l'orgueil et l'injustice,
Va jusque sous le dais faire pâlir le vice;

Et souvent, sans rien craindre, à l'aide d'un bon mot,
Va venger la raison des attentats d'un sot.
C'est ainsi que Lucile, appuyé de Lélie,
Fit justice en son temps des Cotins d'Italie,
Et qu'Horace, jetant le sel à pleines mains,
Se jouait aux dépens des Pelletiers romains.
C'est elle qui, m'ouvrant le chemin qu'il faut suivre,
M'inspira dès quinze ans la haine d'un sot livre ;
Et sur ce mont fameux où j'osai la chercher
Fortifia mes pas et m'apprit à marcher.
C'est pour elle, en un mot, que j'ai fait vœu d'écrire,

Toutefois, s'il le faut, je veux bien m'en dédire.
Et pour calmer enfin tous ces flots d'ennemis,
Réparer en mes vers les maux qu'ils ont commis.
Puisque vous le voulez, je vais changer de style.
Je le déclare donc : Quinaut est un Virgile ;
Pradon comme un soleil en nos ans a paru ;
Pelletier écrit mieux qu'Ablancourt ni Patru ;
Cotin, à ses sermons traînant toute la terre,
Fend les flots d'auditeurs pour aller à sa chaire ;
Sofal est le phénix des esprits relevés ;
Perrin... Bon, mon esprit ! courage ! poursuivez.
Mais ne voyez-vous pas que leur troupe en furie
Va prendre encor ces vers pour une raillerie ?
Et Dieu sait aussitôt que d'auteurs en courroux,
Que de rimeurs blessés s'en vont fondre sur vous !
Vous les verrez bientôt, féconds en impostures,
Amasser contre vous des volumes d'injures,
Traiter en vos écrits chaque vers d'attentat,

Et d'un mot innocent faire un crime d'Etat*.
Vous aurez beau vanter le roi dans vos ouvrages,
Et de ce nom sacré sanctifier vos pages,
Qui méprise Cotin n'estime point son roi,
Et n'a, selon Cotin, ni Dieu, ni foi, ni loi.

Mais quoi ! répondez-vous, Cotin nous peut-il nuire ?
Et par ses cris enfin que saurait-il produire ?
Interdire à mes vers, dont peut-être il fait cas,
L'entrée aux pensions où je ne prétends pas ?
Non, pour louer un roi que tout l'univers loue,
Ma langue n'attend point que l'argent la dénoue,
Et sans espérer rien de mes faibles écrits,
L'honneur de le louer m'est un trop digne prix :
On me verra toujours, sage dans mes caprices,
De ce même pinceau dont j'ai noirci les vices
Et peint du nom d'auteur tant de sots revêtus,
Lui marquer mon respect et tracer ses vertus.
Je vous crois : mais pourtant on crie, on vous menace.
Je crains peu, direz-vous, les braves du Parnasse.
Hé ! mon Dieu ! craignez tout d'un auteur en courroux
Qui peut.. Quoi? Je m'entends. Mais encor ? Taisez-vous.

* Cotin, dans un de ses écrits, m'accusait d'être criminel de lèse-majesté divine et humaine. (Note de Boileau.)

AVERTISSEMENT

SUR LA SATIRE X

Voici enfin la satire qu'on me demande depuis si longtemps. Si j'ai tant tardé à la mettre au jour, c'est que j'ai été bien aise qu'elle ne parût qu'avec la nouvelle édition qu'on faisait de mon livre, où je voulais qu'elle fût insérée. Plusieurs de mes amis, à qui je l'ai lue, en ont parlé dans le monde avec de grands éloges, et ont publié que c'était la meilleure de mes satires. Ils ne m'ont pas en cela fait plaisir. Je connais le public : je sais que naturellement il se révolte contre ces louanges outrées qu'on donne aux ouvrages avant qu'ils aient paru, et que la plupart des lecteurs ne lisent ce qu'on leur a élevé si haut qu'avec un dessein formé de le rabaisser.

Je déclare donc que je ne veux point profiter de ces discours avantageux ; et non-seulement je laisse au public son jugement libre, mais je donne plein pouvoir à tous ceux qui ont tant critiqué mon ode sur Namur d'exer-

cer aussi contre ma satire toute la rigueur
de leur critique. J'espère qu'ils le feront avec
le même succès ; et je puis les assurer que
tous leurs discours ne m'obligeront point à
rompre l'espèce de vœu que j'ai fait de ne jamais défendre mes ouvrages, quand on n'en
attaquera que les mots et les syllabes. Je saurai fort bien soutenir contre ces censeurs Homère, Horace, Virgile, et tous ces autres
grands personnages dont j'admire les écrits :
mais pour mes écrits, que je n'admire point,
c'est à ceux qui les approuveront à trouver
des raisons pour les défendre. C'est tout l'avis
que j'ai à donner ici au lecteur.

La bienséance néanmoins voudrait, ce me
semble, que je fisse quelque excuse au beau
sexe de la liberté que je me suis donnée de
peindre ses vices. Mais, au fond, toutes les
peintures que je fais dans ma satire sont si
générales, que, bien loin d'appréhender que
les femmes s'en offensent, c'est sur leur approbation et sur leur curiosité que je fonde
la plus grande espérance du succès de mon
ouvrage. Une chose au moins dont je suis
certain qu'elles me loueront, c'est d'avoir
trouvé moyen, dans une matière aussi déli-
cate que celle que j'y traite, de ne pas laisser
échapper un seul mot qui pût le moins du
monde blesser la pudeur. J'espère donc que
j'obtiendrai aisément ma grâce, et qu'elles ne
seront pas plus choquées des prédications

que je fais contre leurs défauts dans cette
satire, que des satires que les prédicateurs
font tous les jours en chaire contre ces mêmes défauts.

———

SATIRE X

—

SUR LES FEMMES

Enfin, bornant le cours de tes galanteries,
Alcippe, il est donc vrai, dans peu tu te maries :
Sur l'argent, c'est tout dire, on est déjà d'accord ;
Ton beau-père futur vide son coffre-fort ;
Et déjà le notaire a, d'un style énergique,
Griffonné de ton joug l'instrument authentique.
C'est bien fait. Il est temps de fixer tes désirs.
Ainsi que ses chagrins l'hymen a ses plaisirs :
Quelle joie en effet, quelle douceur extrême,
De se voir caressé d'une épouse qu'on aime !
De s'entendre appeler petit cœur, ou mon bon !
De voir autour de soi croître dans sa maison,
Sous les paisibles lois d'une agréable mère,
De petits citoyens dont on croit être père !
Quel charme, au moindre mal qui nous vient menacer,
De la voir aussitôt accourir, s'empresser,
S'effrayer d'un péril qui n'a point d'apparence,
Et souvent de douleur se pâmer par avance !

Car tu ne seras point de ces jaloux affreux,
Habiles à se rendre inquiets, malheureux,
Qui, tandis qu'une épouse à leurs yeux se désole,
Pensent toujours qu'un autre en secret la console.

Mais quoi ! je vois déjà que ce discours t'aigrit !
Charmé de Juvénal, et plein de son esprit,
Venez-vous, diras-tu, dans une pièce outrée,
Comme lui nous chanter que, dès le temps de Rhée,
La chasteté déjà, la rougeur sur le front,
Avait chez les humains reçu plus d'un affront ;
Qu'on vit avec le fer naître les injustices,
L'impiété, l'orgueil, et tous les autres vices :
Mais que la bonne foi dans l'amour conjugal
N'alla point jusqu'au temps du troisième métal ?
Ces mots ont dans sa bouche une emphase admirable :
Mais je vous dirai, moi, sans alléguer la fable,
Que si sous Adam même, et loin avant Noé,
Le vice audacieux, des hommes avoué,
A la triste innocence en tous lieux fit la guerre,
Il demeura pourtant de l'honneur sur la terre :
Qu'aux temps les plus féconds en Phrynés, en Laïs
Plus d'une Pénélope honora son pays ;
Et que même aujourd'hui sur ce fameux modèle
On peut trouver encor quelque femme fidèle.
— Sans doute ; et dans Paris, si je sais bien compter,
Il en est jusqu'à trois que je pourrais citer.
Ton épouse dans peu sera la quatrième :
Je le veux croire ainsi. Mais la chasteté même,

---

* Phryné, courtisane d'Athènes. Laïs, courtisane d
Corinthe.

Sous le beau nom d'épouse entrât-elle chez toi,
De retour d'un voyage, en arrivant, crois-moi,
Fais toujours du logis avertir la maîtresse.
Tel partit tout baigné des pleurs de sa Lucrèce,
Qui, faute d'avoir pris ce soin judicieux,
Trouva... tu sais... Je sais que d'un conte odieux
Vous aviez comme moi sali votre mémoire.
Mais laissons là, dis-tu, Joconde et son histoire :
Du projet d'un hymen déjà fort avancé,
Devant vous aujourd'hui criminel dénoncé,
Et mis sur la sellette aux pieds de la critique,
Je vois bien tout de bon qu'il faut que je m'explique.

Jeune autrefois par vous dans le monde conduit,
J'ai trop bien profité pour n'être pas instruit
A quels discours malins le mariage expose :
Je sais que c'est un texte où chacun fait sa glose ;
Que des maris trompés tout rit dans l'univers,
Epigrammes, chansons, rondeaux, fables en vers,
Satire, comédie : et, sur cette matière,
J'ai vu tout ce qu'ont fait la Fontaine et Molière ;
J'ai lu tout ce qu'ont dit Villon et Saint-Gelais,
Arioste, Marot, Boccace, Rabelais,
Et tous ces vieux recueils de satires naïves *,
Des malices du sexe immortelles archives.
Mais, tout bien balancé, j'ai pourtant reconnu
Que de ces contes vains le monde entretenu
N'en a pas de l'hymen moins vu fleurir l'usage ;
Que sous ce joug moqué tout à la fin s'engage :

---

* Les *Contes* de la reine de Navarre, etc.

Qu'à ce commun filet les railleurs mêmes pris
Ont été très souvent de commodes maris;
Et que, pour être heureux sous ce joug salutaire,
Tout dépend en un mot du bon choix qu'on sait faire.

Enfin, il faut ici parler de bonne foi,
Je vieillis, et ne puis regarder sans effroi
Ces neveux affamés dont l'importun visage
De mon bien à mes yeux fait déjà le partage.
Je crois déjà les voir, au moment annoncé
Qu'à la fin sans retour leur cher oncle est passé,
Sur quelques pleurs forcés, qu'ils auront soin qu'on voie,
Se faire consoler du sujet de leur joie.
Je me fais un plaisir, à ne vous rien celer,
De pouvoir, moi vivant, dans peu les désoler :
Et trompant un espoir pour eux si plein de charmes,
Arracher de leurs yeux de véritables larmes.
Vous dirai-je encor plus ? Soit faiblesse ou raison,
Je suis las de me voir le soir en ma maison
Seul avec des valets, souvent voleurs et traîtres,
Et toujours, à coup sûr, ennemis de leurs maîtres.
Je ne me couche point qu'aussitôt dans mon lit
Un souvenir fâcheux n'apporte à mon esprit
Ces histoires de morts lamentables, tragiques,
Dont Paris tous les ans peut grossir ses chroniques.
Dépouillons-nous ici d'une vaine fierté.
Nous naissons, nous vivons pour la société :
A nous-mêmes livrés dans une solitude,
Notre bonheur bientôt fait notre inquiétude :
Et si durant un jour notre premier aïeul,
Plus riche d'une côte, avait vécu tout seul,

Je doute, en sa demeure alors si fortunée,
S'il n'eût point prié Dieu d'abréger la journée.
N'allons donc point ici réformer l'univers,
Ni par de vains discours et de frivoles vers,
Étalant au public notre misanthropie,
Censurer le lien le plus doux de la vie.
Laissons là, croyez-moi, le monde tel qu'il est.
L'hyménée est un joug, et c'est ce qui me plaît :
L'homme, en ses passions toujours errant sans guide,
A besoin qu'on lui mette et le mors et la bride ;
Son pouvoir malheureux ne sert qu'à le gêner ;
Et pour le rendre libre il le faut enchaîner.
C'est ainsi que souvent la main de Dieu l'assiste.

Ah ! bon ! voilà parler en docte janséniste,
Alcippe ; et sur ce point si savamment touché
Desmares dans Saint-Roch n'aurait pas mieux prêché.
Mais c'est trop t'insulter, quittons la raillerie :
Parlons sans hyperbole et sans plaisanterie.
Tu viens de mettre ici l'hymen en son beau jour :
Entends donc, et permets que je prêche à mon tour.

L'épouse que tu prends, sans tache en sa conduite,
Aux vertus, m'a-t-on dit, dans Port-Royal * instruite,
Aux lois de son devoir règle tous ses désirs.
Mais qui peut t'assurer qu'invincible aux plaisirs,
Chez toi, dans une vie ouverte à la licence,
Elle conservera sa première innocence ?

* Couvent de religieuses célèbres par leur rigidité.

Par toi-même bientôt conduite à l'Opéra,
De quel air penses-tu que ta sainte verra
D'un spectacle enchanteur la pompe harmonieuse,
Ces danses, ces héros à voix luxurieuse ;
Entendra ces discours sur l'amour seul roulants,
Ces doucereux Renauds, ces insensés Rolands ;
Saura d'eux qu'à l'Amour, comme au seul dieu suprême,
On doit immoler tout, jusqu'à la vertu même ;
Qu'on ne saurait trop tôt se laisser enflammer ;
Qu'on n'a reçu du ciel un cœur que pour aimer ;
Et tous ces lieux communs de morale lubrique
Que Lulli réchauffa des sons de sa musique ?
Mais de quels mouvements, dans son cœur excités,
Sentira-t-elle alors tous ses sens agités !
Je ne te réponds pas qu'au retour, moins timide,
Digne écolière enfin d'Angélique et d'Armide,
Elle n'aille à l'instant, pleine de ces doux sons,
Avec quelque Médor pratiquer ces leçons.

Supposons toutefois qu'encor fidèle et pure,
Sa vertu de ce choc revienne sans blessure.
Bientôt dans ce grand monde où tu vas l'entraîner,
Au milieu des écueils qui vont l'environner,
Crois-tu que, toujours ferme aux bords du précipice,
Elle pourra marcher sans que le pied lui glisse ;
Que, toujours insensible aux discours enchanteurs
D'un idolâtre amas de jeunes séducteurs,
Sa sagesse jamais ne deviendra folie ?
D'abord tu la verras, ainsi que dans Clélie,
Recevant ses amants sous le doux nom d'amis,
S'en tenir avec eux aux petits soins permis ;

Puis bientôt en grande eau sur le fleuve de Tendre *.
Naviguer à souhait, tout dire et tout entendre.
Et ne présume pas que Vénus ou Satan
Souffre qu'elle en demeure aux termes du roman :
Dans le crime il suffit qu'une fois on débute ;
Une chute toujours attire une autre chute.
L'honneur est comme une île escarpée et sans bords,
On n'y peut plus rentrer dès qu'on en est dehors.
Peut-être avant deux ans, ardente à te déplaire,
Éprise d'un cadet, ivre d'un mousquetaire,
Nous la verrons hanter les plus honteux brelans,
Donner chez la Cornu rendez-vous aux galants ;
De Phèdre dédaignant la pudeur enfantine,
Suivre à front découvert Z.... et Messaline ;
Compter pour grands exploits vingt hommes ruinés,
Blessés, battus pour elle, et quatre assassinés :
Trop heureux si, toujours femme désordonnée,
Sans mesure et sans règle au vice abandonnée,
Par cent traits d'impudence aisés à ramasser
Elle t'acquiert au moins un droit pour la chasser :

Mais que deviendras-tu si, folle en son caprice,
N'aimant que le scandale et l'éclat dans le vice,
Bien moins pour son plaisir que pour t'inquiéter,
Au fond peu vicieuse, elle aime à coqueter ?
Entre nous, verras-tu d'un esprit bien tranquille
Chez ta femme aborder et la cour et la ville ?
Hormis toi, tout chez toi rencontre un doux accueil :

* On trouve dans le roman de Clélie la carte du pays de Tendre.

L'un est payé d'un mot, et l'autre d'un coup d'œil.
Ce n'est que pour toi seul qu'elle est fière et chagrine :
Aux autres elle est douce, agréable, badine ;
C'est pour eux qu'elle étale et l'or et le brocart,
Que chez toi se prodigue et le rouge et le fard,
Et qu'une main savante, avec tant d'artifice,
Bâtit de ses cheveux le galant édifice.
Dans sa chambre, crois-moi, n'entre point tout le jour.
Si tu veux posséder ta Lucrèce à ton tour,
Attends, discret mari, que la belle en cornette,
Le soir ait étalé son teint sur la toilette,
Et dans quatre mouchoirs, de sa beauté salis,
Envoie au blanchisseur ses roses et ses lis.
Alors tu peux entrer : mais, sage en sa présence,
Ne vas pas murmurer de sa folle dépense.
D'abord, l'argent en main, paye et vite et comptant.
Mais non, fais mine un peu d'en être mécontent,
Pour la voir aussitôt, de douleur oppressée,
Déplorer sa vertu si mal récompensée.
Un mari ne veut pas fournir à ses besoins !
Jamais femme, après tout, a-t-elle coûté moins ?
A cinq cents louis d'or, tout au plus, chaque année,
Sa dépense en habits n'est-elle pas bornée ?
Que répondre ? Je vois qu'à de si justes cris
Toi-même convaincu déjà tu t'attendris,
Tout prêt à la laisser, pourvu qu'elle s'apaise,
Dans ton coffre à pleins sacs puiser tout à son aise.

A quoi bon, en effet, t'alarmer de si peu ?
Hé ! que serait-ce donc si le démon du jeu
Versant dans son esprit sa ruineuse rage,

Tous les jours, mis par elle à deux doigts du naufrage,
Tu voyais tous tes biens, au sort abandonnés,
Devenir le butin d'un pique ou d'un sonnez * !
Le doux charme pour toi de voir, chaque journée,
De nobles champions ta femme environnée,
Sur une table longue et façonnée exprès,
D'un tournoi de bassette ordonner les apprêts;
Ou si, par un arrêt, la grossière police
D'un jeu si nécessaire interdit l'exercice,
Ouvrir sur cette table un champ au lansquenet,
Ou promener trois dés chassés de son cornet :
Puis, sur une autre table, avec un air plus sombre,
S'en aller méditer une vole au jeu d'hombre ;
S'écrier sur un as mal à propos jeté ;
Se plaindre d'un gâno ** qu'on n'a point écouté !
Ou, querellant tout bas le ciel qu'elle regarde,
A la bête gémir d'un roi venu sans garde !
Chez elle, en ces emplois, l'aube du lendemain
Souvent la trouve encor les cartes à la main :
Alors, pour se coucher, les quittant, non sans peine,
Elle plaint le malheur de la nature humaine,
Qui veut qu'en un sommeil où tout s'ensevelit
Tant d'heures sans jouer se consument au lit.
Toutefois en partant la troupe la console,
Et d'un prochain retour chacun donne parole.
C'est ainsi qu'une femme en doux amusements
Sait du temps qui s'envole employer les moments;

* Terme du jeu d'hombre.
** Terme du jeu de trictrac.

C'est ainsi que souvent par une forcenée
Une triste famille à l'hôpital traînée,
Voit ses biens, en décret sur tous les murs écrits,
De sa déroute illustre effrayer tout Paris.

Mais que plutôt son jeu mille fois te ruine,
Que si la famélique et honteuse lésine
Venant mal à propos la saisir au collet,
Elle te réduisait à vivre sans valet,
Comme ce magistrat * de hideuse mémoire
Dont je veux bien ici te crayonner l'histoire.

Dans la robe on vantait son illustre maison :
Il était plein d'esprit, de sens et de raison ;
Seulement pour l'argent un peu trop de faiblesse
De ces vertus en lui ravalait la noblesse.
Sa table toutefois, sans superfluité,
N'avait rien que d'honnête en sa frugalité.
Chez lui deux bons chevaux, de pareille encolure,
Trouvaient dans l'écurie une pleine pâture,
Et du foin que leur bouche au râtelier laissait,
De surcroît une mule encor se nourrissait.
Mais cette soif de l'or qui le brûlait dans l'âme
Le fit enfin songer à choisir une femme ;
Et l'honneur dans ce choix ne fut point regardé.
Vers son triste penchant son naturel guidé
Le fit, dans une avare et sordide famille,
Chercher un monstre affreux sous l'habit d'une fille ;
Et sans trop s'enquérir d'où la laide venait,
Il sut, ce fut assez, l'argent qu'on lui donnait.

* Le lieutenant criminel Tardieu.

Rien ne le rebuta, ni sa vue éraillée,
Ni sa masse de chair bizarrement taillée :
Et trois cent mille francs avec elle obtenus
La firent à ses yeux plus belle que Vénus.
Il l'épouse ; et bientôt son hôtesse nouvelle,
Le prêchant, lui fit voir qu'il était, au prix d'elle,
Un vrai dissipateur, un parfait débauché.
Lui-même le sentit, reconnut son péché,
Se confessa prodigue, et, plein de repentance,
Offrit sur ses avis de régler sa dépense.
Aussitôt de chez eux tout rôti disparut :
Le pain bis, renfermé, d'une moitié décrut :
Les deux chevaux, la mule, au marché s'envolèrent :
Deux grands laquais, à jeun, sur le soir s'en allèrent ;
De ces coquins déjà l'on se trouvait lassé,
Et pour n'en plus revoir le reste fut chassé.
Deux servantes déjà, largement souffletées,
Avaient à coups de pied descendu les montées,
Et se voyant enfin hors de ce triste lieu,
Dans la rue en avaient rendu grâces à Dieu.
Un vieux valet restait, seul chéri de son maître,
Que toujours il servit et qu'il avait vu naître,
Et qui, de quelque somme amassée au bon temps,
Vivait encor chez eux, partie à ses dépens.
Sa vue embarrassait : il fallut s'en défaire ;
Il fut de la maison chassé comme un corsaire.
Voilà nos deux époux sans valets, sans enfants,
Tout seuls dans leur logis, libres et triomphants.
Alors on ne mit plus de borne à la lésine :
On condamna la cave, on ferma la cuisine ;
Pour ne s'en point servir aux plus rigoureux mois,

Dans le fond d'un grenier on séquestra le bois.
L'un et l'autre dès lors vécut à l'aventure
Des présents qu'à l'abri de la magistrature
Le mari quelquefois des plaideurs extorquait,
Ou de ce que la femme aux voisins escroquait.

Mais, pour bien mettre ici leur crasse en tout son lustre,
Il faut voir du logis sortir ce couple illustre :
Il faut voir le mari tout poudreux, tout souillé,
Couvert d'un vieux chapeau de cordon dépouillé,
Et de sa robe en vain de pièces rajeunie,
A pied dans les ruisseaux traînant l'ignominie.
Mais qui pourrait compter le nombre de haillons,
De pièces, de lambeaux, de sales guenillons,
De chiffons ramassés dans la plus noire ordure,
Dont la femme aux bons jours composait sa parure ?
Décrirai-je ses bas en trente endroits percés,
Ses souliers grimaçants vingt fois rapetassés,
Ses coiffes, d'où pendait au bout d'une ficelle
Un vieux masque pelé * presque aussi hideux qu'elle ?
Peindrai-je son jupon bigarré de latin,
Qu'ensemble composaient trois thèses de satin,
Présent qu'en un procès sur certain privilége
Firent à son mari les régents d'un collége :
Et qui sur cette jupe à maint rieur encor
Derrière elle faisait lire *Argumentabor ?*

Mais peut-être j'invente une fable frivole.
Démens donc tout Paris, qui, prenant la parole,

---

* La plupart des femmes portaient alors un masque de
velours noir lorsqu'elles sortaient.

Sur ce sujet encor de bóns témoins pourvu,
Tout prêt à le prouver, te dira : Je l'ai vu ;
Vingt ans j'ai vu ce couple, uni d'un même vice,
A tous mes habitants montrer que l'avarice
Peut faire dans les biens trouver la pauvreté,
Et nous réduire à pis que la mendicité.
Des voleurs, qui chez eux pleins d'espérance entrèrent,
De cette triste vie enfin les délivrèrent :
Digne et funeste fruit du nœud les plus affreux
Dont l'hymen ait jamais uni deux malheureux !

Ce récit passe un peu l'ordinaire mesure :
Mais un exemple enfin si digne de censure
Peut-il dans la satire occuper moins de mots ı
Chacun sait son métier, suivons notre propos.
Nouveau prédicateur aujourd'hui, je l'avoue,
Écolier, ou plutôt singe de Bourdaloue,
Je me plais à remplir mes sermons de portraits.
En voilà déjà trois peints d'assez heureux traits :
La femme sans honneur, la coquette et l'avare.
Il faut y joindre encor la revêche bizarre,
Qui sans cesse d'un ton par la colère aigri,
Gronde, choque, dément, contredit un mari.
Il n'est point de repos ni de paix avec elle.
Son mariage n'est qu'une longue querelle.
Laisse-t-elle un moment respirer son époux,
Ses valets sont d'abord l'objet de son courroux :
Et sur le ton grondeur lorsqu'elle les harangue,
Il faut voir de quels mots elle enrichit la langue :
Ma plume ici, traçant ces mots par alphabet,
Pourrait d'un nouveau tome augmenter Richelet.

Tu crains peu d'essuyer cette étrange furie :
En trop bon lieu, dis-tu, ton épouse nourrie
Jamais de tels discours ne te rendra martyr.
Mais eût-elle sucé la raison dans Saint-Cyr *
Crois-tu que d'une fille humble, honnête, charmante,
L'hymen n'ait jamais fait de femme extravagante ?
Combien n'a-t-on point vu de belles aux doux yeux,
Avant le mariage anges si gracieux,
Tout à coup se changeant en bourgeoises sauvages,
Vrais démons, apporter l'enfer dans leurs ménages,
Et découvrant l'orgueil de leurs rudes esprits,
Sous leur fontange ** altière asservir leurs maris !

Et puis, quelque douceur dont brille ton épouse,
Penses-tu, si jamais elle devient jalouse,
Que son âme, livrée à ses tristes soupçons,
De la raison encore écoute les leçons ?
Alors, Alcippe, alors tu verras de ses œuvres :
Résous-toi, pauvre époux, à vivre de couleuvres ;
A la voir tous les jours, dans ses fougueux accès,
A ton geste, à ton rire intenter un procès ;
Souvent, de ta maison gardant les avenues,
Les cheveux hérissés t'attendre au coin des rues ;
Te trouver en des lieux de vingt portes fermés,
Et partout où tu vas, dans ses yeux enflammés,

* Célèbre maison près de Versailles, bâtie en 1686, et
destinée à l'éducation de deux cent cinquante demoiselles.
** C'est un nœud de ruban que les femmes mettent sur
le devant de la tête pour attacher leur coiffure, et qui
doit son nom à la duchesse de Fontanges, maîtresse de
Louis XIV.

T'offrir, non pas d'Isis la tranquille Euménide *,
Mais la vraie Alecto peinte dans l'Énéide,
Un tison à la main, chez le roi Latinus,
Soufflant sa rage au sein d'Amate et de Turnus.

Mais quoi ! je chausse ici le cothurne tragique.
Reprenons au plus tôt le brodequin comique,
Et d'objets moins affreux songeons à te parler.
Dis-moi donc, laissant là cette folle hurler,
T'accommodes-tu mieux de ces douces Ménades,
Qui, dans leurs vains chagrins, sans mal toujours malades,
Se font des mois entiers, sur un lit effronté,
Traiter d'une visible et parfaite santé ;
Et douze fois par jour, dans leur molle indolence,
Aux yeux de leurs maris tombent en défaillance ?
Quel sujet, dira l'un, peut donc si fréquemment
Mettre ainsi cette belle aux bords du monument ?
La Parque, ravissant ou son fils ou sa fille,
A-t-elle moissonné l'espoir de sa famille ?
Non : il est question de réduire un mari
A chasser un valet dans la maison chéri,
Et qui, parce qu'il plaît, a trop su lui déplaire ;
Ou de rompre un voyage utile et nécessaire,
Mais qui la priverait huit jours de ses plaisirs,
Et qui, loin d'un galant, objet de ses désirs...
Oh ! que pour la punir de cette comédie,
Ne lui vois-je une vraie et triste maladie !
Mais ne nous fâchons point. Peut-être avant deux jours,
Courtois et Denyau, mandés à son secours,

* Furie qui demeurait, dans un opéra d'*Isis*, presque toujours à ne rien faire.

Digne ouvrage de l'art dont Hippocrate traite,
Lui sauront bien ôter cette santé d'athlète ;
Pour consumer l'humeur qui fait son embonpoint,
Lui donner sagement le mal qu'elle n'a point ;
Et fuyant de Fagon les maximes énormes,
Au tombeau mérité la mettre dans les formes.
Dieu veuille avoir son âme et nous délivrer d'eux !
Pour moi, grand ennemi de leur art hasardeux,
Je ne puis cette fois que je ne les excuse.
Mais à quels vains discours est-ce que je m'amuse ?
Il faut sur des sujets plus grands, plus curieux,
Attacher de ce pas ton esprit et tes yeux.

Qui s'offrira d'abord ? Bon ; c'est cette savante
Qu'estime Roberval et que Sauveur fréquente.
D'où vient qu'elle a l'œil trouble et le teint si terni ?
C'est que sur le calcul, dit-on, de Cassini,
Un astrolabe en main, elle a dans sa gouttière
A suivre Jupiter passé la nuit entière.
Gardons de la troubler. Sa science, je croi,
Aura pour s'occuper ce jour plus d'un emploi :
D'un nouveau microscope on doit, en sa présence,
Tantôt chez Dalancé faire l'expérience,
Puis d'une femme morte avec son embryon
Il faut chez du Verney voir la dissection.
Rien n'échappe aux regards de notre curieuse.

Mais qui vient sur ses pas ? c'est une précieuse,
Reste de ces esprits jadis si renommés
Que d'un coup de son art Molière a diffamés.
De tous leurs sentiments cette noble héritière

Maintient encore ici leur secte façonnière.
C'est chez elle toujours que les fades auteurs
S'en vont se consoler du mépris des lecteurs.
Elle y reçoit leur plainte, et sa docte demeure
Aux Perrins, aux Coras, est ouverte à toute heure.
Là du faux bel esprit se tiennent les bureaux ;
Là tous les vers sont bons, pourvu qu'ils soient nouveaux.
Au mauvais goût public la belle y fait la guerre,
Plaint Pradon opprimé des sifflets du parterre,
Rit des vains amateurs du grec et du latin,
Dans la balance met Aristote et Cotin :
Puis d'une main encor plus fine et plus habile,
Pèse sans passion Chapelain et Virgile ;
Remarque en ce dernier beaucoup de pauvretés,
Mais pourtant confessant qu'il a quelques beautés ;
Ne trouve en Chapelain, quoi qu'ait dit la satire,
Autre défaut, sinon qu'on ne le saurait lire ;
Et pour faire goûter son livre à l'univers,
Croit qu'il faudrait en prose y mettre tous les vers.

A quoi bon m'étaler cette bizarre école
Du mauvais sens, dis-tu, prêché par une folle ?
De livres et d'écrits bourgeois admirateur,
Vais-je épouser ici quelque apprentie auteur ?
Savez-vous que l'épouse avec qui je me lie
Compte entre ses parents des princes d'Italie ;
Sort d'aïeux dont les noms...? Je t'entends, et je voi
D'où vient que tu t'es fait secrétaire du roi :
Il fallait de ce titre appuyer ta naissance.
Cependant (t'avoûrai-je ici mon insolence ?)
Si quelque objet pareil chez moi, deçà les monts,

Pour m'épouser entrait avec tous ces grands noms,
Le sourcil rehaussé d'orgueilleuses chimères,
Je lui dirais bientôt : Je connais tous vos pères;
Je sais qu'ils ont brillé dans ce fameux combat *
Où sous l'un des Valois Enghien sauva l'État.
D'Hozier n'en convient pas : mais quoi qu'il en puisse être,
Je ne suis point si sot que d'épouser mon maître.
Ainsi donc, au plus tôt délogeant de ces lieux,
Allez, princesse, allez, avec tous vos aïeux,
Sur le pompeux débris des lances espagnoles,
Coucher si vous voulez aux champs de Cerisoles :
Ma maison ni mon lit ne sont point faits pour vous.

J'admire, poursuis-tu, votre noble courroux.
Souvenez-vous pourtant que ma famille illustre
De l'assistance au sceau ne tire point son lustre **,
Et que, né dans Paris de magistrats connus,
Je ne suis point ici de ces nouveaux venus,
De ces nobles sans nom, que par plus d'une voie
La province souvent en guêtres nous envoie.
Mais eussé-je comme eux des meuniers pour parents,
Mon épouse vint-elle encor d'aïeux plus grands,
On ne la verrait point, vantant son origine,
A son triste mari reprocher la farine.
Son cœur, toujours nourri dans la dévotion,
De trop bonne heure apprit l'humiliation :

* Combat de Cerisoles, gagné par le duc d'Enghien en Italie, en 1544.
** Les secrétaires du roi nouvellement anoblis assistaient au sceau.

Et, pour vous détromper de la pensée étrange
Que l'hymen aujourd'hui la corrompe et la change,
Sachez qu'en notre accord elle a, pour premier point,
Exigé qu'un époux ne la contraindrait point
A traîner après elle un pompeux équipage,
Ni surtout de souffrir, par un profane usage,
Qu'à l'église jamais devant le Dieu jaloux
Un fastueux carreau soit vu sous ses genoux.
Telle est l'humble vertu qui, dans son âme empreinte...
Je le vois bien, tu vas épouser une sainte ;
Et dans tout ce grand zèle il n'est rien d'affecté.
Sais-tu bien cependant, sous cette humilité,
L'orgueil que quelquefois nous cache une bigote :
Alcippe, et connais-tu la nation dévote ?
Il te faut de ce pas en tracer quelques traits,
Et par ce grand portrait finir tous mes portraits.

A Paris, à la cour, on trouve, je l'avoue,
Des femmes dont le zèle est digne qu'on le loue,
Qui s'occupent du bien en tout temps, en tout lieu.
J'en sais une, chérie et du monde et de Dieu,
Humble dans les grandeurs, sage dans la fortune,
Qui gémit, comme Esther, de sa gloire importune,
Que le vice lui-même est contraint d'estimer,
Et que sur ce tableau d'abord tu vas nommer *.
Mais pour quelques vertus si pures, si sincères,
Combien y trouve-t-on d'impudentes faussaires :
Qui, sous un vain dehors d'austère piété,
De leurs crimes secrets cherchent l'impunité,

* Madame de Maintenon.

Et couvrent de Dieu même, empreint sur leur visage,
De leurs honteux plaisirs l'affreux libertinage !
N'attends pas qu'à tes yeux j'aille ici l'étaler ;
Il vaut mieux le souffrir que de le dévoiler.
De leurs galants exploits les Bussis, les Brantômes *,
Pourraient avec plaisir te compiler des tomes :
Mais pour moi, dont le front trop aisément rougit,
Ma bouche a déjà peur de t'en avoir trop dit.
Rien n'égale en fureur, en monstrueux caprices,
Une fausse vertu qui s'abandonne aux vices.

De ces femmes pourtant l'hypocrite noirceur
Au moins pour un mari garde quelque douceur.
Je les aime encor mieux qu'une bigote altière,
Qui, dans son sot orgueil, aveugle et sans lumière,
A peine sur le seuil de la dévotion,
Pense atteindre au sommet de la perfection ;
Qui du soin qu'elle prend de me gêner sans cesse
Va quatre fois par mois se vanter à confesse :
Et les yeux vers le ciel, pour se le faire ouvrir,
Offre à Dieu les tourments qu'elle me fait souffrir.
Sur cent pieux devoirs aux saints elle est égale ;
Elle lit Rodriguez, fait l'oraison mentale,
Va pour les malheureux quêter dans les maisons,
Hante les hôpitaux, visite les prisons,
Tous les jours à l'église entend jusqu'à six messes :
Mais de combattre en elle et dompter ses faiblesses,
Sur le fard, sur le jeu, vaincre sa passion,

---

* *L'Histoire amoureuse des Gaules*, par Bussy-Rabutin. Les
Vies des Femmes galantes, par Brantôme.

Mettre un frein à son luxé, à son ambition,
Et soumettre l'orgueil de son esprit rebelle,
C'est ce qu'en vain le ciel voudrait exiger d'elle.
Et peut-il, dira-t-elle, en effet l'exiger?
Elle a son directeur, c'est à lui d'en juger :
Il faut, sans différer, savoir ce qu'il en pense.
Bon ! vers nous à propos je le vois qui s'avance.
Qu'il paraît bien nourri! Quel vermillon ! quel teint !
Le printemps dans sa fleur sur son visage est peint.
Cependant, à l'entendre, il se soutient à peine ;
Il eut encore hier la fièvre et la migraine ;
Et sans les prompts secours qu'on prit soin d'apporter,
Il serait sur son lit peut-être à trembloter.
Mais de tous les mortels, grâce aux dévotes âmes,
Nul n'est si bien soigné qu'un directeur de femmes.
Quelque léger dégoût vient-il le travailler?
Une froide vapeur le fait-elle bâiller?
Un escadron coiffé d'abord court à son aide :
L'une chauffe un bouillon, l'autre apprête un remède ;
Chez lui sirops exquis, ratafias vantés,
Confitures surtout, volent de tous côtés ;
Car de tous mets sucrés, secs, en pâte, ou liquides,
Les estomacs dévots furent toujours avides ;
Le premier massepain pour eux, je crois, se fit,
Et le premier citron à Rouen fut confit.

Notre docteur bientôt va lever tous ses doutes ;
Du paradis pour elle il aplanit les routes ;
Et loin sur ses défauts de la mortifier,
Lui-même prend le soin de la justifier.
Pourquoi vous alarmer d'une vaine censure ?

Du rouge qu'on vous voit on s'étonne, on murmure;
Mais a-t-on, dira-t-il, sujet de s'étonner?
Est-ce qu'à faire peur on veut vous condamner?
Aux usages reçus il faut qu'on s'accommode :
Une femme surtout doit tribut à la mode.
L'orgueil brille, dit-on, sur vos pompeux habits;
L'œil à peine soutient l'éclat de vos rubis;
Dieu veut-il qu'on étale un luxe si profane?
Oui, lorsqu'à l'étaler notre rang nous condamne.
Mais ce grand jeu chez vous comment l'autoriser?
Le jeu fut de tout temps permis pour s'amuser;
On ne peut pas toujours travailler, prier, lire,
Il vaut mieux s'occuper à jouer qu'à médire.
Le plus grand jeu, joué dans cette intention,
Peut même devenir une bonne action.
Tout est sanctifié par une âme pieuse.
Vous êtes, poursuit-on, avide, ambitieuse;
Sans cesse vous brûlez de voir tous vos parents
Engloutir à la cour charges, dignités, rangs.
Votre bon naturel en cela pour eux brille;
Dieu ne nous défend point d'aimer notre famille.
D'ailleurs tous vos parents sont sages, vertueux :
Il est bon d'empêcher ces emplois fastueux
D'être donnés peut-être à des âmes mondaines
Eprises du néant des vanités humaines.
Laissez là, croyez-moi, gronder les indévots,
Et sur votre salut demeurez en repos.

Sur tous ces points douteux c'est ainsi qu'il prononce.
Alors, croyant d'un ange entendre la réponse,
Sa dévote s'incline, et, calmant son esprit,

A cet ordre d'en haut sans réplique souscrit.
Ainsi, pleine d'erreurs qu'elle croit légitimes,
Sa tranquille vertu conserve tous ses crimes ;
Dans un cœur tous les jours nourri du sacrement
Maintient la vanité, l'orgueil, l'entêtement,
Et croit que devant Dieu ses fréquents sacriléges
Sont pour entrer au ciel d'assurés priviléges.
Voilà le digne fruit des soins de son docteur.
Encore est-ce beaucoup, si ce guide imposteur
Par les chemins fleuris d'un charmant quiétisme
Tout à coup l'amenant au vrai molinosisme,
Il ne lui fait bientôt, aidé de Lucifer,
Goûter en paradis les plaisirs de l'enfer.

Mais dans ce doux état, molle, délicieuse,
La hais-tu plus, dis-moi, que cette bilieuse
Qui, follement oûtrée en sa sévérité,
Baptisant son chagrin du nom de piété,
Dans sa charité fausse, où l'amour-propre abonde,
Croit que c'est aimer Dieu que haïr tout le monde ?
Il n'est rien où d'abord son soupçon attaché
Ne présume du crime et ne trouve un péché.
Pour une fille honnête et pleine d'innocence
Croit-elle en ses valets voir quelque complaisance ?
Réputés criminels, les voilà tous chassés,
Et chez elle à l'instant par d'autres remplacés.
Son mari, qu'une affaire appelle dans la ville,
Et qui chez lui sortant a tout laissé tranquille,
Se trouve assez surpris, rentrant dans la maison,
De voir que le portier lui demande son nom ;
Et que parmi ses gens, changés en son absence,

Il cherche vainement quelqu'un de connaissance.
Fort bien ! le trait est bon ! Dans les femmes, dis-tu,
Enfin, vous n'approuvez ni vice ni vertu.
Voilà le sexe peint d'une noble manière :
Et Théophraste même, aidé de la Bruyère,
Ne m'en pourrait pas faire un plus riche tableau.
C'est assez : il est temps de quitter le pinceau ;
Vous avez désormais épuisé la satire.
Épuisé ! cher Alcippe ! Ah ! tu me ferais rire !
Sur ce vaste sujet si j'allais tout tracer,
Tu verrais sous ma main des tomes s'amasser.
Dans le sexe j'ai peint la piété caustique :
Et que serait-ce donc si, censeur plus tragique,
J'allais t'y faire voir l'athéisme établi,
Et, non moins que l'honneur, le ciel mis en oubli ;
Si j'allais t'y montrer plus d'une Capanée *,
Pour souveraine loi mettant la destinée,
Du tonnerre dans l'air bravant les vains carreaux,
Et nous parlant de Dieu du ton de des Barreaux ?

Mais sans aller chercher cette femme infernale,
T'ai-je encor peint, dis-moi, la fantasque inégale,
Qui, m'aimant le matin, souvent me hait le soir ?
T'ai-je peint la maligne aux yeux faux, au cœur noir ?
T'ai-je encor exprimé la brusque impertinente ?
T'ai-je tracé la vieille à morgue dominante,
Qui veut, vingt ans encore après le sacrement,
Exiger d'un mari les respects d'un amant ?

---

* Capanée était un des sept chefs de l'armée qui mit le
siége devant Thèbes. Les poètes ont dit que Jupiter le fou-
droya à cause de son impiété.

T'ai-je-fait voir de joie une belle animée,
Qui souvent d'un repas sortant tout enfumée,
Fait, même à ses amants, trop faibles d'estomac,
Redouter ses baisers pleins d'ail et de tabac ?
T'ai-je encore décrit la dame brelandière
Qui des joueurs chez soi se fait cabaretière,
Et souffre des affronts que ne souffrirait pas
L'hôtesse d'une auberge à dix sous par repas ?
Ai-je offert à tes yeux ces tristes Tisiphones,
Ces monstres pleins d'un fiel que n'ont point les lionnes,
Qui, prenant en dégoût les fruits nés de leur flanc,
S'irritent sans raison contre leur propre sang ?
Toujours en des fureurs que les plaintes aigrissent,
Battent dans leurs enfants l'époux qu'elles haïssent,
Et font de leur maison, digne de Phalaris,
Un séjour de douleur, de larmes et de cris ?
Enfin t'ai-je dépeint la superstitieuse,
La pédante au ton fier, la bourgeoise ennuyeuse,
Celle qui de son chat fait son seul entretien,
Celle qui toujours parle et ne dit jamais rien ?
Il en est des milliers; mais ma bouche, enfin lasse,
Des trois quarts pour le moins veut bien te faire grâce.

J'entends : c'est pousser loin la modération.
Ah ! finissez, dis-tu, la déclamation.
Pensez-vous qu'ébloui de vos vaines paroles,
J'ignore qu'en effet tous ces discours frivoles
Ne sont qu'un badinage, un simple jeu d'esprit
D'un censeur dans le fond qui folâtre et qui rit,
Plein du même projet qui vous vint dans la tête
Quand vous plaçâtes l'homme au-dessous de la bête ?

Mais enfin vous et moi c'est assez badiner.
Il est temps de conclure ; et, pour tout terminer,
Je ne dirai qu'un mot. La fille qui m'enchante,
Noble, sage, modeste, humble, honnête, touchante,
N'a pas un des défauts que vous m'avez fait voir.
Si, par un sort pourtant qu'on ne peut concevoir,
La belle, tout à coup rendue insociable,
D'ange, ce sont vos mots, se transformait en diable ;
Vous me verriez bientôt, sans me désespérer,
Lui dire : Hé bien ! madame, il faut nous séparer :
Nous ne sommes pas faits, je le vois, l'un pour l'autre.
Mon bien se monte à tant : tenez, voilà le vôtre.
Partez ; délivrons-nous d'un mutuel souci.

Alcippe, tu crois donc qu'on se sépare ainsi ?
Pour sortir de chez toi sur cette offre offensante,
As-tu donc oublié qu'il faut qu'elle y consente ?
Et crois-tu qu'aisément elle puisse quitter
Le savoureux plaisir de t'y persécuter ?
Bientôt son procureur, pour elle usant sa plume,
De ses prétentions va t'offrir un volume :
Car, grâce au droit reçu chez les Parisiens,
Gens de douce nature et maris bons chrétiens,
Dans ses prétentions une femme est sans borne.
Alcippe, à ce discours, je te trouve un peu morne.
Des arbitres, dis-tu, pourront nous accorder.
Des arbitres !... Tu crois l'empêcher de plaider !
Sur ton chagrin déjà contente d'elle-même,
Ce n'est point tous ses droits, c'est le procès qu'elle aime.
Pour elle un bout d'arpent qu'il faudra disputer
Vaut mieux qu'un fief entier acquis sans contester.

Avec elle il n'est point de droit qui s'éclaircisse,
Point de procès si vieux qui ne se rajeunisse;
Et sur l'art de former un nouvel embarras
Devant elle Rolet mettrait pavillon bas.
Crois-moi, pour la fléchir trouve enfin quelque voie :
Ou je ne réponds pas dans peu qu'on ne te voie
Sous le faix des procès abattu, consterné,
Triste, à pied, sans laquais, maigre, sec, ruiné,
Vingt fois dans ton malheur résolu de te pendre,
Et, pour comble de maux, réduit à la reprendre.

SATIRE XI

—

A M. DE VALINCOUR

SUR LE VRAI ET LE FAUX HONNEUR

Oui, l'honneur, Valincour, est chéri dans le monde :
Chacun, pour l'exalter, en paroles abonde ;
A s'en voir revêtu chacun met son bonheur ;
Et tout crie ici-bas : L'honneur ! Vive l'honneur !

Entendons discourir, sur les bancs des galères,
Ce forçat abhorré même de ses confrères :
Il plaint, par un arrêt injustement donné,
L'honneur en sa personne à ramer condamné.
En un mot, parcourons et la mer et la terre :
Interrogeons marchands, financiers, gens de guerre,
Courtisans, magistrats : chez eux, si je les croi,
L'intérêt ne peut rien, l'honneur seul fait la loi.
Cependant, lorsqu'aux yeux leur portant la lanterne *,

—

* Allusion au mot de Diogène le cynique qui portait
une lanterne en plein jour, et qui disait qu'il cherchait un
homme.

J'examine au grand jour l'esprit qui les gouverne,
Je n'aperçois partout que folle ambition,
Faiblesse, iniquité, fourbe, corruption,
Que ridicule orgueil de soi-même idolâtre.
Le monde, à mon avis, est comme un grand théâtre,
Où chacun en public, l'un par l'autre abusé,
Souvent à ce qu'il est joue un rôle opposé.
Tous les jours on y voit, orné d'un faux visage,
Impudemment le fou représenter le sage,
L'ignorant s'ériger en savant fastueux,
Et le plus vil faquin trancher du vertueux.
Mais, quelque fol espoir dont leur orgueil les berce,
Bientôt on les connaît, et la vérité perce.
On a beau se farder aux yeux de l'univers,
A la fin sur quelqu'un de nos vices couverts
Le public malin jette un œil inévitable ;
Et bientôt la censure, au regard formidable,
Sait, le crayon en main, marquer nos endroits faux,
Et nous développer avec tous nos défauts.
Du mensonge toujours le vrai demeure maître.
Pour paraître honnête homme, en un mot, il faut l'être :
Et jamais, quoi qu'il fasse, un mortel ici-bas
Ne peut aux yeux du monde être ce qu'il n'est pas.
En vain ce misanthrope, aux yeux tristes et sombres,
Veut, par un air riant, en éclaircir les ombres :
Le ris sur son visage est en mauvaise humeur ;
L'agrément fuit ses traits, ses caresses font peur ;
Ses mots les plus flatteurs paraissent des rudesses,
Et la vanité brille en toutes ses bassesses.
Le naturel toujours sort et sait se montrer :
Vainement on l'arrête, on le force à rentrer ;

Il rompt tout, perce tout, et trouve enfin passage.

Mais loin de mon projet je sens que je m'engage.
Revenons de ce pas à mon texte égaré.
L'honneur partout, disais-je, est du monde admiré ;
Mais l'honneur en effet qu'il faut que l'on admire,
Quel est-il, Valincour, pourras-tu me le dire ?
L'ambitieux le met souvent à tout brûler ;
L'avare, à voir chez lui le Pactole rouler * ;
Un faux brave, à vanter sa prouesse frivole ;
Un vrai fourbe, à jamais ne garder sa parole ;
Ce poëte, à noircir d'insipides papiers ;
Ce marquis, à savoir frauder ses créanciers ;
Un libertin, à rompre et jeûnes et carême ;
Un' fou perdu d'honneur, à braver l'honneur même.
L'un d'eux a-t-il raison ? Qui pourrait le penser ?
Qu'est-ce donc que l'honneur que tout doit embrasser ?
Est-ce de voir, dis-moi, vanter notre éloquence ;
D'exceller en courage, en adresse, en prudence ?
De voir à notre aspect tout trembler sous les cieux ;
De posséder enfin mille dons précieux ?
Mais avec tous ces dons de l'esprit et de l'âme
Un roi même souvent peut n'être qu'un infâme,
Qu'un Hérode, un Tibère effroyable à nommer.
Où donc est cet honneur qui seul doit nous charmer ?
Quoi qu'en ses beaux discours Saint-Évremond nous prône,
Aujourd'hui j'en croirai Sénèque avant Pétrone **.

___

* Fleuve de Lydie, où l'on trouve de l'or, ainsi que dans
plusieurs autres fleuves.
** Saint-Évremond a fait une dissertation dans laquelle
il donne la préférence à Pétrone sur Sénèque.

Dans le monde il n'est rien de beau que l'équité ;
Sans elle la valeur, la force, la bonté,
Et toutes les vertus dont s'éblouit la terre,
Ne sont que faux brillants et que morceaux de verre.
Un injuste guerrier *, terreur de l'univers,
Qui, sans sujet courant chez cent peuples divers,
S'en va tout ravager jusqu'aux rives du Gange,
N'est qu'un plus grand voleur que du Tertre et Saint-Ange.
Du premier des Césars on vante les exploits ;
Mais dans quel tribunal, jugé suivant les lois,
Eût-il pu disculper son injuste manie ?
Qu'on livre son pareil en France à la Reynie :
Dans trois jours nous verrons le phénix des guerriers
Laisser sur l'échafaud sa tête et ses lauriers.
C'est d'un roi ** que l'on tient cette maxime auguste,
Que jamais on n'est grand qu'autant que l'on est juste.
Rassemblez à la fois Mithridate et Sylla ;
Joignez-y Tamerlan, Genséric, Attila :
Tous ces fiers conquérants, rois, princes, capitaines,
Sont moins grands à mes yeux que ce bourgeois d'Athènes ***
Qui sut, pour tous exploits, doux, modéré, frugal,
Toujours vers la justice aller d'un pas égal.

Oui, la justice en nous est la vertu qui brille :
Il faut de ses couleurs qu'ici-bas tout s'habille ;
Dans un mortel chéri, tout injuste qu'il est,
C'est quelque air d'équité qui séduit et qui plaît.

* Alexandre.
** Agésilas, roi de Sparte.
*** Socrate.

A cet unique appât l'âme est vraiment sensible :
Même aux yeux de l'injuste un injuste est horrible ;
Et tel qui n'admet point la probité chez lui,
Souvent à la rigueur l'exige chez autrui.
Disons plus : il n'est point d'âme livrée au vice
Où l'on ne trouve encor des traces de justice.
Chacun de l'équité ne fait pas son flambeau ;
Tout n'est pas Caumartin, Bignon, ni d'Aguesseau ;
Mais jusqu'en ces pays où tout vit de pillage,
Chez l'Arabe et le Scythe elle est de quelque usage ;
Et du butin acquis en violant les lois,
C'est elle entre eux qui fait le partage et le choix.

Mais allons voir le vrai jusqu'en sa source même.
Un dévot aux yeux creux, et d'abstinence blême,
S'il n'a point le cœur juste, est affreux devant Dieu.
L'Évangile au chrétien ne dit en aucun lieu,
Sois dévot : il nous dit, Sois doux, simple, équitable.
Car d'un dévot souvent au chrétien véritable
La distance est deux fois plus longue, à mon avis,
Que du pôle antarctique au détroit de Davis.
Encor par ce dévot ne crois pas que j'entende
Tartufe, ou Molinos et sa mystique bande :
J'entends un faux chrétien mal instruit, mal guidé,
Et qui de l'Évangile en vain persuadé
N'en a jamais conçu l'esprit ni la justice ;
Un chrétien qui s'en sert pour disculper le vice ;
Qui toujours près des grands, qu'il prend soin d'abuser,
Sur leurs faibles honteux sait les autoriser,
Et croit pouvoir au ciel, par ses folles maximes,
Avec le sacrement faire entrer tous les crimes.

Des faux dévots pour moi voilà le vrai héros.

Mais pour borner enfin tout ce vague propos,
Concluons qu'ici-bas le seul honneur solide,
C'est de prendre toujours la vérité pour guide :
De regarder en tout la raison et la loi :
D'être doux pour tout autre et rigoureux pour soi
D'accomplir tout le bien que le ciel nous inspire,
Et d'être juste enfin : ce seul mot veut tout dire.
Je doute que le flot des vulgaires humains
A ce discours pourtant donne aisément les mains :
Et pour t'en dire ici la raison historique,
Souffre que je l'habille en fable allégorique.

Sous le bon roi Saturne, ami de la douceur,
L'Honneur, cher Valincour, et l'Équité sa sœur,
De leurs sages conseils éclairant tout le monde,
Régnaient, chéris du ciel, dans une paix profonde.
Tout vivait en commun sous ce couple adoré :
Aucun n'avait d'enclos ni de champ séparé.
La vertu n'était point sujette à l'ostracisme *,
Ni ne s'appelait point alors un jansénisme.
L'Honneur, beau par soi-même et sans vains ornements,
N'étalait point aux yeux l'or ni les diamants,
Et jamais ne sortant de ses devoirs austères,
Maintenait de sa sœur les règles salutaires.
Mais une fois au ciel par les dieux appelé,
Il demeura longtemps au séjour étoilé.

* Loi par laquelle les Athéniens avaient droit de relé-
guer tel de leurs citoyens qu'ils voulaient.

Un fourbe cependant, assez haut de corsage,
Et qui lui ressemblait de geste et de visage,
Prend son temps, et partout ce hardi suborneur
S'en va chez les humains crier qu'il est l'Honneur :
Qu'il arrive du ciel, et que voulant lui-même,
Seul porter désormais le faix du diadème,
De lui seul il prétend qu'on reçoive la loi.
A ces discours trompeurs le monde ajoute foi.
L'innocente Équité honteusement bannie
Trouve à peine un désert où fuir l'ignominie,
Aussitôt sur un trône éclatant de rubis
L'imposteur monte, orné de superbes habits.
La Hauteur, le Dédain, l'Audace, l'environnent :
Et le Luxe et l'Orgueil de leurs mains le couronnent.
Tout fier, il montre alors un front plus sourcilleux :
Et le Mien et le Tien, deux frères pointilleux,
Par son ordre amenant les procès et la guerre,
En tous lieux de ce pas vont partager la terre :
En tous lieux, sous les noms de bon droit et de tort,
Vont chez elle établir le seul droit du plus fort.
Le nouveau roi triomphe, et sur ce droit inique
Bâtit de vaines lois un code fantastique :
Avant tout aux mortels prescrit de se venger,
L'un l'autre au moindre affront les force à s'égorger,
Et dans leur âme, en vain de remords combattue,
Trace en lettres de sang ces deux mots : Meurs ou tue.
Alors, ce fut alors, sous ce vrai Jupiter,
Qu'on vit naître ici-bas le noir siècle de fer.
Le frère au même instant s'arma contre le frère :
Le fils trempa ses mains dans le sang de son père :
La soif de commander enfanta les tyrans,

Du Tanaïs au Nil porta les conquérants ;
L'ambition passa pour la vertu sublime ;
Le crime heureux fut juste et cessa d'être crime :
On ne vit plus que haine et que division,
Qu'envie, effroi, tumulte, horreur, confusion.

Le véritable Honneur sur la voûte céleste
Est enfin averti de ce trouble funeste.
Il part sans différer, et, descendu des cieux,
Va partout se montrer dans les terrestres lieux ;
Mais il n'y fait plus voir qu'un visage incommode ;
On n'y peut plus souffrir ses vertus hors de mode ;
Et lui-même, traité de fourbe et d'imposteur,
Est contraint de ramper aux pieds du séducteur.
Enfin, las d'essuyer outrage sur outrage,
Il livre les humains à leur triste esclavage ;
S'en va trouver sa sœur, et dès ce même jour
Avec elle s'envole au céleste séjour.
Depuis, toujours ici riche de leur ruine,
Sur les tristes mortels le faux Honneur domine,
Gouverne tout, fait tout, dans ce bas univers ;
Et peut-être est-ce lui qui m'a dicté ces vers.
Mais en fût-il l'auteur, je conclus de sa fable
Que ce n'est qu'en Dieu seul qu'est l'honneur véritable.

AVERTISSEMENT

Quelque heureux succès qu'aient eu mes ouvrages, j'avais résolu, depuis leur dernière édition *, de ne plus rien donner au public; et quoique à mes heures perdues, il y a environ cinq ans **, j'eusse encore fait contre l'équivoque une satire que tous ceux à qui je l'ai communiquée ne jugeaient pas inférieure à mes autres écrits, bien loin de la publier, je la tenais soigneusement cachée, et je ne croyais pas que, moi vivant, elle dût jamais voir le jour. Ainsi donc, aussi soigneux désormais de me faire oublier que j'avais été autrefois curieux de faire parler de moi, je jouissais, à mes infirmités près, d'une assez grande tranquillité, lorsque tout d'un coup j'ai appris qu'on débitait dans le monde, sous mon nom, quantité de méchants écrits, et entre autres une pièce en vers contre les Jé-

---

* En 1701.
** Cet avertissement a été composé en 1710.

suites, galement odieuse et insipide, et où
l'on me faisait, en mon propre nom, dire à
toute leur société les injures les plus atroces
et les plus grossières. J'avoue que cela m'a
donné un très grand chagrin : car, bien que
tous les gens sensés aient connu sans peine
que la pièce n'était point de moi, et qu'il n'y
ait eu que de très petits esprits qui aient pré-
sumé que j'en pouvais être l'auteur, la vérité
est pourtant que je n'ai pas regardé comme
un médiocre affront de me voir soupçonné,
même par des ridicules, d'avoir fait un ouvrage si ridicule.

J'ai donc cherché les moyens les plus propres pour me laver de cette infamie ; et, tout
bien considéré, je n'ai point trouvé de meilleur expédient que de faire imprimer ma satire contre l'*équivoque;* parce qu'en la lisant, les moins éclairés même de ces petits
esprits, ouvriraient peut-être les yeux, et
verraient manifestement le peu de rapport
qu'il y a de mon style, même en l'âge où je
suis, au style bas et rampant de l'auteur de
ce pitoyable écrit. Ajoutez à cela que je pouvais mettre à la tête de ma satire, en la
donnant au public, un avertissement en manière de préface, où je me justifierais pleinement, et tirerais tout le monde d'erreur.
C'est ce que je fais aujourd'hui, et j'espère
que le peu que je viens de dire produira
l'effet que je me suis proposé. Il ne me reste

donc plus maintenant qu'à parler de la satire
pour laquelle est fait ce discours.

Je l'ai composée par le caprice du monde
le plus bizarre, et par une espèce de dépit et
de colère poétique, s'il faut ainsi dire, qui me
saisit à l'occasion de ce que je vais raconter.
Je me promenais dans mon jardin d'Auteuil,
et rêvais en marchant à un poëme que je
voulais faire contre les mauvais critiques de
notre siècle. J'en avais déjà même composé
quelques vers, dont j'étais assez content.
Mais voulant continuer, je m'aperçus qu'il y
avait dans ces vers une équivoque de langue ;
et m'étant sur-le-champ mis en devoir de la
corriger, je n'en pus jamais venir à bout.
Cela m'irrita de telle manière, qu'au lieu de
m'appliquer davantage à réformer cette équivoque, et de poursuivre mon poëme contre
les faux critiques, la folle pensée me vint de
faire contre l'équivoque même une satire
qui pût me venger de tous les chagrins
qu'elle m'a causés depuis que je me mêle
d'écrire. Je vis bien que je ne rencontrerais
pas de médiocres difficultés à mettre en vers
un sujet si sec ; et même il s'en présenta
d'abord une qui m'arrêta tout court : ce fut
de savoir duquel des deux genres, masculin
ou féminin, je ferais le mot d'équivoque ;
beaucoup d'habiles écrivains, ainsi que le remarque Vaugelas, le faisant masculin. Je me
déterminai pourtant assez vite au féminin,

comme au plus usité des deux ; et, bien loin
que cela empêchât l'exécution de mon projet,
ie crus que ce ne serait pas une méchante
plaisanterie de commencer ma satire par
cette difficulté même. C'est ainsi que je
m'engageai dans la composition de cet ouvrage. Je croyais d'abord faire tout au plus
cinquante ou soixante vers ; mais ensuite les
pensées me venant en foule, et les choses
que j'avais à reprocher à l'équivoque se mul-
tipliant à mes yeux, j'ai poussé ces vers jusqu'à près de trois cent cinquante.

C'est au public maintenant à voir si j'ai
bien ou mal réussi. Je n'emploierai point ici,
non plus que dans les préfaces de mes autres
écrits, mon adresse et ma rhétorique à le
prévenir en ma faveur. Tout ce que je puis
lui dire, c'est que j'ai travaillé cette pièce
avec le même soin que toutes mes autres
poésies. Une chose pourtant dont il est bon
que les Jésuites soient avertis, c'est qu'en
attaquant l'équivoque, je n'ai pas pris ce mot
dans toute l'étroite rigueur de sa significa-
tion grammaticale, le mot *équivoque*, en ce
sens-là, ne voulant dire qu'une ambiguïté de
paroles ; mais que je l'ai pris, comme le
prend ordinairement le commun des hommes,
pour toutes sortes d'ambiguïtés de sens, de
pensées, d'expressions, et enfin pour tous ces
abus et toutes ces méprises de l'esprit humain qui font qu'il prend souvent une chose

pour une autre. Et c'est dans ce sens que j'ai dit que l'idolâtrie avait pris naissance de l'équivoque; les hommes, à mon avis, ne pouvant pas s'équivoquer plus lourdement que de prendre des pierres, de l'or et du cuivre, pour Dieu. J'ajouterai à cela que la Providence divine, ainsi que je l'établis clairement dans ma satire, n'ayant permis chez eux cet horrible aveuglement qu'en punition de ce que leur premier père avait prêté l'oreille aux promesses du démon, j'ai pu conclure infailliblement que l'idolâtrie est un fruit, ou, pour mieux dire, un véritable enfant de l'équivoque. Je ne vois donc pas qu'on me puisse faire sur cela aucune bonne critique, et surtout ma satire étant un pur jeu d'esprit, où il serait ridicule d'exiger une précision géométrique de pensées et de paroles.

Mais il y a une autre objection plus importante et plus considérable qu'on me fera peut-être au sujet des propositions de morale relâchée que j'attaque dans la dernière partie de mon ouvrage. Car ces propositions ayant été, à ce qu'on prétend, avancées par quantité de théologiens, même célèbres, la moquerie que j'en fais peut, dira-t-on, diffamer en quelque sorte ces théologiens, et causer ainsi une espèce de scandale dans l'Église. A cela je réponds premièrement qu'il n'y a aucune des propositions que j'attaque qui n'ait été

plus d'une fois condamnée par toute l'Église,
et tout récemment encore par deux des plus
grands papes qui aient depuis longtemps
rempli le Saint-Siège. Je dis en second lieu
que, à l'exemple de ces célèbres vicaires de
Jésus-Christ, je n'ai point nommé les auteurs
de ces propositions ni aucun de ces théologiens dont on dit que je puis causer la diffa-
mation, et contre lesquels même j'avoue que
je ne puis rien décider, puisque je n'ai point
lu ni ne suis d'humeur à lire leurs écrits : ce
qui serait pourtant absolument nécessaire
pour prononcer sur les accusations que l'on
forme contre eux, leurs accusateurs pouvant
les avoir mal entendus, et s'être trompés dans
l'intelligence des passages où ils prétendent
que sont ces erreurs dont ils les accusent. Je
soutiens, en troisième lieu, qu'il est contre la
droite raison de penser que je puisse exciter
quelque scandale dans l'Église, en traitant de
ridicules des propositions rejetées de toute
l'Église, et plus dignes encore, par leur ab-
surdité, d'être sifflées de tous les fidèles que
réfutées sérieusement. C'est ce que je me
crois obligé de dire pour me justifier. Que
si après cela il se trouve encore quelques
théologiens qui se figurent qu'en décriant ces
propositions j'ai eu en vue de les décrier
eux-mêmes, je déclare que cette fausse idée
qu'ils ont de moi ne saurait venir que des
mauvais artifices de l'équivoque, qui, pour

se venger des injures que je lui dis dans ma pièce, s'efforce d'intéresser dans sa cause ces théologiens, en me faisant penser ce que je n'ai pas pensé, et dire ce que je n'ai point dit.

Voilà, ce me semble, bien des paroles, et peut-être trop de paroles employées pour justifier un aussi peu considérable ouvrage qu'est la satire qu'on va voir. Avant néanmoins que de finir, je ne crois pas me pouvoir dispenser d'apprendre aux lecteurs qu'en attaquant, comme je fais dans ma satire, ces erreurs, je ne me suis point fié à mes seules lumières, mais que, ainsi que je l'ai pratiqué il y a environ dix ans à l'égard de mon épître de l'amour de Dieu, j'ai non-seulement consulté sur mon ouvrage tout ce que je connais de plus habiles docteurs, mais que je l'ai donné à examiner au prélat de l'Église qui, par l'étendue de ses connaissances et par l'éminence de sa dignité, est le plus capable et le plus en droit de me prescrire ce que je dois penser sur ces matières ; je veux dire à M. le cardinal de Noailles, mon archevêque. J'ajouterai que ce pieux et savant cardinal a eu trois semaines ma satire entre les mains, et qu'à mes instantes prières, après l'avoir lue et relue plus d'une fois, il me l'a enfin rendue en me comblant d'éloges, et m'a assuré qu'il n'y avait trouvé à redire qu'un seul mot, que j'ai corrigé sur-le-champ, et sur lequel

lui ai donné une entière satisfaction. Je
e flatte donc qu'avec une approbation si
uthentique, si sûre et si glorieuse, je puis
archer la tête levée, et dire hardiment des
ritiques qu'on pourra faire désormais contre
doctrine de mon ouvrage, que ce ne sau-
ient être que de vaines subtilités d'un tas
e misérables sophistes formés dans l'école
u mensonge, et aussi affidés amis de l'équi-
que qu'opiniâtres ennemis de Dieu, du bon
ns et de la vérité.

SATIRE XII

—

SUR L'ÉQUIVOQUE

Du langage français bizarre hermaphrodite,
De quel genre te faire, Équivoque maudite,
Ou maudit ? car sans peine aux rimeurs hasardeux
L'usage encor, je crois, laisse le choix des deux.
Tu ne me réponds rien. Sors d'ici, fourbe insigne.
Mâle aussi dangereux que femelle maligne,
Qui crois rendre innocents les discours imposteurs ;
Tourment des écrivains, juste effroi des lecteurs,
Par qui, de mots confus sans cesse embarrassée,
Ma plume, en écrivant, cherche en vain ma pensée :
Laisse-moi ; va charmer de tes vains agréments
Les yeux faux et gâtés de tes louches amants :
Et ne viens point ici de ton ombre grossière
Envelopper mon style, ami de la lumière.
Tu sais bien que jamais chez toi, dans mes discours
Je n'ai d'un faux brillant emprunté le secours :
Fuis donc. Mais non, demeure ; un démon qui m'ins
Veut qu'encore une utile et dernière satire,

De ce pas en mon livre, exprimant tes noirceurs,
Se vienne, en nombre pair, joindre à ses onze sœurs ;
Et je sens que ta vue échauffe mon audace.
Viens, approche : voyons, malgré l'âge et sa glace,
Si ma muse aujourd'hui, sortant de sa langueur,
Pourra trouver encore un reste de vigueur.

Mais où tend, dira-t-on, ce projet fantastique ?
Ne vaudrait-il pas mieux, dans mes vers, moins caustique,
Répandre de tes jeux le sel réjouissant,
Que d'aller contre toi, sur ce ton menaçant,
Pousser jusqu'à l'excès ma critique boutade ?

Je ferais mieux, j'entends, d'imiter Benserade.
C'est par lui qu'autrefois, mise en ton plus beau jour,
Tu sus, trompant les yeux du peuple et de la cour,
Leur faire, à la faveur de tes bluettes folles,
Goûter comme bons mots tes quolibets frivoles,
Mais ce n'est plus le temps : le public détrompé
D'un pareil enjoûment ne se sent plus, frappé.
Tes bons mots, autrefois délices des ruelles,
Approuvés chez les grands, applaudis chez les belles,
Hors de mode aujourd'hui chez nos plus froids badins,
Sont des collets-montés et des vertugadins *.
Le lecteur ne sait plus admirer dans Voiture
De ton froid jeu de mots l'insipide figure.
C'est à regret qu'on voit cet auteur si charmant,
Et pour mille beaux traits vanté si justement,
Chez toi toujours cherchant quelque finesse aiguë,
Présenter au lecteur sa pensée ambiguë,

* Anciens ajustements.

Et souvent du faux sens d'un proverbe affecté
Faire de son discours la piquante beauté.

Mais laissons là le tort qu'à ses brillants ouvrages
Fit le plat agrément de tes vains badinages.
Parlons des maux sans fin que ton sens de travers,
Source de toute erreur, sema dans l'univers.
Et pour les contempler jusque dans leur naissance,
Dès le temps nouveau-né, quand la Toute-Puissance
D'un mot forma le ciel, l'air, la terre et les flots,
N'est-ce pas toi, voyant le monde à peine éclos,
Qui, par l'éclat trompeur d'une funeste pomme,
Et tes mots ambigus, fis croire au premier homme
Qu'il allait, en goûtant de ce morceau fatal,
Comblé de tout savoir, à Dieu se rendre égal ?
Il en fit sur-le-champ la folle expérience.
Mais tout ce qu'il acquit de nouvelle science
Fut que, triste et honteux de voir sa nudité,
Il sut qu'il n'était plus, grâce à sa vanité,
Qu'un chétif animal pétri d'un peu de terre,
A qui la faim, la soif, partout faisaient la guerre,
Et qui, courant toujours de malheur en malheur,
A la mort arrivait enfin par la douleur.
Oui, de tes noirs complots et de ta triste rage
Le genre humain perdu fut le premier ouvrage :
Et bien que l'homme alors parût si rabaissé,
Par toi contre le ciel un orgueil insensé
Armant de ses neveux la gigantesque engeance,
Dieu résolut enfin, terrible en sa vengeance,
D'abîmer sous les eaux tous ces audacieux.
Mais avant qu'il lâchât les écluses des cieux,

Par un fils de Noé fatalement sauvée,
Tu fus, comme serpent, dans l'arche conservée.
Et d'abord poursuivant tes projets suspendus,
Chez les mortels restants, encor tout éperdus,
De nouveau tu semas tes captieux mensonges,
Et remplis leurs esprits de fables et de songes.
Tes voiles offusquant leurs yeux de toutes parts,
Dieu disparut lui-même à leurs troubles regards.
Alors tout ne fut plus que stupide ignorance,
Qu'impiété sans borne en son extravagance :
Puis, de cent dogmes faux la superstition
Répandant l'idolâtre et folle illusion
Sur la terre en tous lieux disposée à les suivre,
L'art se tailla des dieux d'or, d'argent et de cuivre ;
Et l'artisan lui-même, humblement prosterné
Aux pieds du vain métal par sa main façonné,
Lui demanda les biens, la santé, la sagesse.
Le monde fut rempli de dieux de toute espèce :
On vit le peuple fou qui du Nil boit les eaux
Adorer les serpents, les poissons, les oiseaux ;
Aux chiens, aux chats, aux boucs, offrir des sacrifices :
Conjurer l'ail, l'ognon, d'être à ses vœux propice,
Et croire follement maîtres de ses destins
Ces dieux nés du fumier porté dans ses jardins.

Bientôt te signalant par mille faux miracles,
Ce fut toi qui partout fis parler les oracles :
C'est par ton double sens dans leurs discours jeté
Qu'ils surent, en mentant, dire la vérité,
Et sans crainte, rendant leurs réponses normandes,
Des peuples et des rois engloutir les offrandes.

Ainsi, loin du vrai jour par toi toujours conduit,
L'homme ne sortit plus de son épaisse nuit.
Pour mieux tromper ses yeux, ton adroit artifice
Fit à chaque vertu prendre le nom d'un vice ;
Et par toi de splendeur faussement revêtu,
Chaque vice emprunta le nom d'une vertu.
Par toi l'humilité devint une bassesse,
La candeur se nomma grossièreté, rudesse :
Au contraire, l'aveugle et folle ambition
S'appela des grands cœurs la belle passion :
Du nom de fierté noble on orna l'impudence,
Et la fourbe passa pour exquise prudence :
L'audace brilla seule aux yeux de l'univers :
Et pour vraiment héros, chez les hommes pervers,
On ne reconnut plus qu'usurpateurs iniques,
Que tyranniques rois censés grands politiques,
Qu'infâmes scélérats à la gloire aspirants,
Et voleurs revêtus du nom de conquérants.

Mais à quoi s'attacha ta savante malice ?
Ce fut surtout à faire ignorer la justice.
Dans les plus claires lois ton ambiguïté
Répandant son adroite et fine obscurité,
Aux yeux embarrassés des juges les plus sages
Tout sens devint douteux, tout mot eut deux visages
Plus on crut pénétrer, moins on fut éclairci ;
Le texte fut souvent par la glose obscurci :
Et pour comble de maux, à tes raisons frivoles
L'éloquence prêtant l'ornement des paroles,
Tous les jours accablé sous leur commun effort,
Le vrai passa pour faux et le bon droit eut tort.

oilà comment, déchu de sa grandeur première,
oncluons, l'homme enfin perdit toute lumière,
t par tes yeux trompeurs se figurant tout voir,
e vit, ne sut plus rien, ne put plus rien savoir.

e la raison pourtant, par le vrai Dieu guidée,
 resta quelque trace encor dans la Judée.
bez les hommes ailleurs sous ton joug gémissants,
 ainement on chercha la vertu, le droit sens :
ar qu'est-ce, loin de Dieu, que l'humaine sagesse ?
t Socrate, l'honneur de la profane Grèce,
u'était-il en effet, de près examiné,
u'un mortel par lui-même au seul mal entraîné,
t malgré la vertu dont il faisait parade,
rès équivoque ami du jeune Alcibiade ?
Oui, j'ose hardiment l'affirmer contre toi,
Dans le monde idolâtre, asservi sous ta loi,
Par l'humaine raison de clarté dépourvue,
L'humble et vraie équité fut à peine entrevue ;
Et par un sage altier, au seul faste attaché,
Le bien même accompli souvent fut un péché.

Pour tirer l'homme enfin de ce désordre extrême,
Il fallut qu'ici-bas Dieu, fait homme lui-même,
Vînt du sein lumineux de l'éternel séjour
De tes dogmes trompeurs dissiper le faux jour.
A l'aspect de ce Dieu les démons disparurent ;
Dans Delphes, dans Délos, tes oracles se turent :
Tout marqua, tout sentit sa venue en ces lieux ;
L'estropié marcha, l'aveugle ouvrit les yeux.
Mais bientôt contre lui ton audace rebelle
Chez la nation même à son culte fidèle

De tous côtés arma tes nombreux sectateurs,
Prêtres, pharisiens, rois, pontifes, docteurs.
C'est par eux que l'on vit la vérité suprême
De mensonge et d'erreur accusée elle-même,
Au tribunal humain le Dieu du ciel traîné,
Et l'auteur de la vie à mourir condamné.
Ta fureur toutefois à ce coup fut déçue,
Et pour toi ton audace eut une triste issue.
Dans la nuit du tombeau ce Dieu précipité
Se releva soudain tout brillant de clarté ;
Et partout sa doctrine en peu de temps portée
Fut du Gange et du Nil et du Tage écoutée ;
Des superbes autels à leur gloire dressés
Tes ridicules dieux tombèrent renversés ;
On vit en mille endroits leurs honteuses statues
Pour le plus bas usage utilement fondues,
Et gémir vainement Mars, Jupiter, Vénus,
Urnes, vases, trépieds, vils meubles devenus.
Sans succomber pourtant tu soutins cet orage,
Et sur l'idolâtrie enfin perdant courage,
Pour embarrasser l'homme en des nœuds plus subtils
Tu courus chez Satan brouiller de nouveaux fils.

Alors, pour seconder ta triste frénésie,
Arriva de l'enfer ta fille l'Hérésie.
Ce monstre, dès l'enfance, à ton école instruit,
De tes leçons bientôt te fit goûter le fruit :
Par lui, l'erreur toujours finement apprêtée,
Sortant pleine d'attraits de sa bouche empestée,
De son mortel poison tout courut s'abreuver,
Et l'Église elle-même eut peine à s'en sauver.

Elle-même deux fois, presque toute arienne,
Sentit chez soi trembler la vérité chrétienne,
Lorsqu'attaquant le Verbe et sa divinité,
D'une syllabe impie un saint mot augmenté
Remplit tous les esprits d'aigreurs si meurtrières,
Et fit du sang chrétien couler tant de rivières.
Le fidèle, au milieu de ces troubles confus
Quelque temps égaré, ne se reconnut plus;
Et dans plus d'un aveugle et ténébreux concile
Le mensonge parut vainqueur de l'Evangile.

Mais à quoi bon ici du profond des enfers,
Nouvel historien de tant de maux soufferts,
Rappeler Arius, Valentin et Pélage,
Et tous ces fiers démons que toujours d'âge en âge
Dieu, pour faire éclaircir à fond ces vérités,
A permis qu'aux chrétiens l'enfer ait suscités?
Laissons hurler là-bas tous ces damnés antiques,
Et bornons nos regards aux troubles fanatiques
Que ton horrible fille ici sut émouvoir,
Quand Luther et Calvin, remplis de ton savoir,
Et soi-disant choisis pour réformer l'Église,
Vinrent du célibat affranchir la prêtrise,
Et des vœux les plus saints blâmant l'austérité,
Aux moines las du joug rendre la liberté.
Alors, n'admettant plus d'autorité visible,
Chacun fut de la foi censé juge infaillible;
Et sans être approuvé par le clergé romain,
Tout protestant fut pape une bible à la main.
De cette erreur dans peu naquirent plus de sectes
Qu'en automne on ne voit de bourdonnants insectes

Fondre sur les raisins nouvellement mûris,
Ou qu'en toutes saisons sur les murs, à Paris,
On ne voit affichés de recueils d'amourettes,
De vers, de contes bleus, de frivoles sornettes,
Souvent peu recherchés du public nonchalant,
Mais vantés à coup sûr du Mercure galant.
Ce ne fut plus partout que fous anabaptistes,
Qu'orgueilleux puritains, qu'exécrables déistes :
Le plus vil artisan eut ses dogmes à soi,
Et chaque chrétien fut de différente loi.
La Discorde, au milieu de ces sectes altières,
En tout lieu cependant déploya ses bannières;
Et ta fille, au secours des vains raisonnements
Appelant le ravage et les embrasements,
Fit en plus d'un pays, aux villes désolées
Sous l'herbe en vain chercher leurs églises brûlées.
L'Europe fut un champ de massacre et d'horreur :
Et l'orthodoxe même, aveugle en sa fureur,
De tes dogmes trompeurs nourrissant son idée,
Oublia la douceur aux chrétiens commandée;
Et crut, pour venger Dieu de ses fiers ennemis,
Tout ce que Dieu défend légitime et permis.
Au signal tout à coup donné pour le carnage *,
Dans les villes, partout, théâtres de leur rage,
Cent mille faux zélés, le fer en main courants,
Allèrent attaquer leurs amis, leurs parents,
Et sans distinction, dans tout sein hérétique
Pleins de joie enfoncer un poignard catholique :

* Massacre de la Saint-Barthélemy, nuit du 24 août
1572.

Car quel lion, quel tigre égale en cruauté
Une injuste fureur qu'arme la piété ?

Ces fureurs, jusqu'ici du vain peuple admirées,
Étaient pourtant toujours de l'Eglise abhorrées :
Et dans ton grand crédit pour te bien conserver,
Il fallait que le ciel parût les approuver :
Ce chef-d'œuvre devait couronner ton adresse.
Pour y parvenir donc, ton active souplesse,
Dans l'école abusant tes grossiers écrivains,
Fit croire à leurs esprits ridiculement vains
Qu'un sentiment impie, injuste, abominable,
Par deux ou trois d'entre eux réputé soutenable,
Prenait chez eux un sceau de probabilité
Qui même contre Dieu lui donnait sûreté ;
Et qu'un chrétien pouvait, rempli de confiance,
Même en le condamnant, le suivre en conscience.

C'est sur ce beau principe, admis si follement,
Qu'aussitôt tu posas l'énorme fondement
De la plus dangereuse et terrible morale
Que Lucifer, assis dans la chaire infernale,
Vomissant contre Dieu ses monstrueux sermons,
Ait jamais enseignée aux novices démons.
Soudain, au grand honneur de l'Église païenne,
On entendit prêcher dans l'école chrétienne
Que sous le joug du vice un pécheur abattu
Pouvait, sans aimer Dieu ni même la vertu,
Par la seule frayeur au sacrement unie,
Admis au ciel, jouir de la gloire infinie ;
Et que, les clefs en main, sur ce seul passeport,
Saint Pierre à tous venants devait ouvrir d'abord.

Ainsi pour éviter l'éternelle misère,
Le vrai zèle au chrétien n'étant plus nécessaire,
Tu sus, dirigeant bien en eux l'intention,
De tout crime laver la coupable action.
Bientôt se parjurer cessa d'être un parjure :
L'argent à tout denier se prêta sans usure ;
Sans simonie on put, contre un bien temporel,
Hardiment échanger un bien spirituel ;
Du soin d'aider le pauvre on dispensa l'avare,
Et même chez les rois le superflu fut rare.
C'est alors qu'on trouva, pour sortir d'embarras,
L'art de mentir tout haut en disant vrai tout bas,
C'est alors qu'on apprit qu'avec un peu d'adresse
Sans crime un prêtre peut vendre trois fois sa messe,
Pourvu que, laissant là son salut à l'écart,
Lui-même en la disant n'y prenne aucune part :
C'est alors que l'on sut qu'on peut pour une pomme,
Sans blesser la justice assassiner un homme :
Assassiner ! ah ! non, je parle improprement ;
Mais que, prêt à la perdre, on peut innocemment,
Surtout ne la pouvant sauver d'une autre sorte,
Massacrer le voleur qui fuit et qui l'emporte.
Enfin ce fut alors que, sans se corriger,
Tout pécheur... Mais où vais-je aujourd'hui m'engager ?
Veux-je d'un pape illustre *, armé contre tes crimes,
A tes yeux mettre ici toute la bulle en rimes ;
Exprimer tes détours burlesquement pieux
Pour disculper l'impur, le gourmand, l'envieux ;
Tes subtils faux-fuyants pour sauver la mollesse,

* Le pape Innocent XI, Benoît Oduscalchi.

e larcin, le duel, le luxe, la paresse ;
n un mot, faire voir à fond développés
ous ces dogmes affreux d'anathème frappés,
ue, sans peur débitant tes distinctions folles,
'erreur encor pourtant maintient dans tes écoles ?

is sur ce seul projet soudain puis-je ignorer
quels nombreux combats il faut me préparer ?
J'entends déjà d'ici tes docteurs frénétiques
Hautement me compter au rang des hérétiques
M'appeler scélérat, traître, fourbe, imposteur,
Froid plaisant, faux bouffon, vrai calomniateur ;
De Pascal, de Wendrock *, copiste misérable ;
Et pour tout dire enfin, janséniste exécrable.
J'aurai beau condamner, en tous sens expliqués,
Les cinq dogmes fameux par ta main fabriqués **,
Blâmer de tes docteurs la morale risible ;
C'est, selon eux, prêcher un calvinisme horrible ;
C'est nier qu'ici-bas, par l'amour appelé,
Dieu pour tous les humains voulut être immolé.

Prévenons tout ce bruit : trop tard, dans le naufrage,
Confus, on se repent d'avoir bravé l'orage.
Halte là donc, ma plume. Et toi, sors de ces lieux,
Monstre à qui, par un trait des plus capricieux,
Aujourd'hui terminant ma course satirique,

---

* Nom sous lequel Nicole publia une traduction latine
des *Provinciales* de Pascal.
** Les cinq propositions qui se trouvent, dit-on, dans
un in-folio intitulé : *Augustinus*, composé par Jansénius,
évêque d'Ypres. (Voyez l'*Histoire de Port-Royal*, par
Racine.)

J'ai prêté dans mes vers une âme allégorique.

Fuis, va chercher ailleurs tes patrons bien-aimés,

Dans ces pays par toi rendus si renommés,

Où l'Orne épand ses eaux, et que la Sarthe arrose;

Ou si plus sûrement tu veux gagner ta cause,

Porte-la dans Trévoux *, à ce beau tribunal

Où de nouveaux Midas un sénat monacal,

Tous les mois, appuyé de ta sœur l'Ignorance,

Pour juger Apollon tient, dit-on, sa séance.

---

* Journal littéraire que les Jésuites commencèrent e
1701, et continuèrent jusqu'à l'époque de leur destruc
tion.

LE LUTRIN

AVIS AU LECTEUR

Je ne ferai point ici comme l'Arioste, qui,
uelquefois sur le point de débiter la fable
u monde la plus absurde, la garantit vraie
'une vérité reconnue, et l'appuie même de
'autorité de l'archevêque Turpin. Pour moi,
'e déclare franchement que tout le poëme du
Lutrin n'est qu'une pure fiction, et que tout y
est inventé, jusqu'au nom même du lieu où
l'action se passe. Je l'ai appelé *Pourges*, du
nom d'une petite chapelle qui était autrefois
proche de Montlhéry. C'est pourquoi le lecteur
ne doit pas s'étonner que, pour y arriver de
Bourgogne, la Nuit prenne le chemin de Paris
t de Montlhéry.

C'est une assez bizarre occasion qui a donné
lieu à ce poëme. Il n'y a pas longtemps que,
dans une assemblée où j'étais, la conversa-
tion tomba sur le poëme héroïque. Chacun

en parla suivant ses lumières. A l'égard d
moi, comme on m'en eut demandé mon avis
je soutins ce que j'ai avancé dans ma Poéti
que : qu'un poëme héroïque, pour être exce
lent, devait être chargé de peu de matière
et que c'était à l'invention à la soutenir et
l'étendre. La chose fut fort contestée. O
s'échauffa beaucoup; mais après bien de
raisons alléguées pour et contre, il arriva c
qui arrive ordinairement en toutes ces sorte
de disputes : je veux dire qu'on ne se per
suada point l'un l'autre, et que chacun de
meura ferme dans son opinion. La chaleu
de la dispute étant passée, on parla d'autr
chose, et on se mit à rire de la manière don
on s'était échauffé sur une question aus
peu importante que celle-là. On moralisa fo
sur la folie des hommes qui passent presqu
toute leur vie à faire sérieusement de trè
grandes bagatelles, et qui se font souvent un
affaire considérable d'une chose indifférent
A propos de cela, un provincial raconta u
démêlé fameux, qui était arrivé autrefois dan
une petite église de sa province, entre
trésorier et le chantre, qui sont les deux pre
mières dignités de cette église, pour savoir
un lutrin serait placé à un endroit ou à u
autre. La chose fut trouvée plaisante. Su
cela, un des savants de l'assemblée, qui n
pouvait pas oublier sitôt la dispute, me de
manda si moi, qui voulais si peu de matièr

pour un poëme héroïque, j'entreprendrais
d'en faire un sur un démêlé aussi peu chargé
d'incidents que celui de cette église. J'eus
plus tôt dit : pourquoi non? que je n'eus fait
réflexion sur ce qu'il me demandait. Cela fit
faire un éclat de rire à la compagnie, et je ne
pus m'empêcher de rire comme les autres, ne
pensant pas en effet moi-même que je dusse
jamais me mettre en état de tenir parole.
Néanmoins, le soir, me trouvant de loisir, je
rêvai à la chose, et, ayant imaginé en général
la plaisanterie que le lecteur va voir, j'en fis
vingt vers que je montrai à mes amis. Ce
commencement les réjouit assez. Le plaisir
que je vis qu'ils y prenaient m'en fit faire encore
vingt autres : ainsi de vingt vers en vingt
vers, j'ai poussé enfin l'ouvrage à près de
neuf cents vers. Voilà toute l'histoire de la
bagatelle que je donne au public. J'aurais
bien voulu la lui donner achevée ; mais des
raisons très sérieuses, et dont le lecteur trouvera bon que je ne l'instruise pas, m'en ont
empêché. Je ne me serais pourtant pas pressé
de le donner imparfait comme il est, n'eût
été les misérables fragments qui en ont cou-
ru. C'est un burlesque nouveau dont je me
suis avisé en notre langue. Car au lieu que
dans l'autre burlesque Didon et Énée par-
laient comme des harengères et des crouche-
teurs, dans celui-ci une perruquière et un
perruquier parlent comme Didon et Énée. Je

ne sais donc si mon poëme aura les qualités propres à satisfaire un lecteur : mais j'ose me flatter qu'il aura au moins l'agrément de la nouveauté, puisque je ne pense pas qu'il y ait d'ouvrage de cette nature en notre langue, la *Défaite des bouts-rimés* de Sarrazin étant plutôt une pure allégorie qu'un poëme comme celui-ci.

LE LUTRIN

Poëme héroï-comique

—

CHANT PREMIER

Je chante les combats et ce prélat terrible
Qui par ses longs travaux et sa force invincible,
Dans une illustre église exerçant son grand cœur,
Fit placer à la fin un lutrin dans le chœur.
C'est en vain que le chantre, abusant d'un faux titre,
Deux fois l'en fit ôter par les mains du chapitre ;
Ce prélat sur le banc de son rival altier,
Deux fois le reportant, l'en couvrit tout entier.

Muse, redis-moi donc quelle ardeur de vengeance
De ces hommes sacrés rompit l'intelligence,
Et troubla si longtemps deux célèbres rivaux?
Tant de fiel entre-t-il dans l'âme des dévots * ?

Et toi, fameux héros, dont la sage entremise
De ce schisme naissant débarrassa l'Église,
Viens d'un regard heureux animer mon projet,
Et garde-toi de rire en ce grave sujet.

* Virgile, *Enéide*, liv. I :
  Tantæ ne animis cælestibus iræ.

Parmi les doux plaisirs d'une paix fraternelle,
Paris voyait fleurir son antique chapelle.
Ses chanoines vermeils, et brillants de santé,
S'engraissaient d'une longue et sainte oisiveté.
Sans sortir de leurs lits plus doux que leurs hermines,
Ces pieux fainéants faisaient chanter matines ;
Veillaient à bien dîner, et laissaient en leur lieu
A des chantres gagés le soin de louer Dieu.
Quand la Discorde encor toute noire de crimes,
Sortant des Cordeliers pour aller aux Minimes,
Avec cet air hideux qui fait frémir la paix,
S'arrêta près d'un arbre au pied de son palais,
Là, d'un œil attentif contemplant son empire,
A l'aspect du tumulte elle-même s'admire.
Elle y voit par le coche et d'Évreux et du Mans,
Accourir à grands flots ses fidèles Normands ;
Elle y voit aborder le marquis, la comtesse,
Le bourgeois, le manant, le clergé, la noblesse ;
Et partout des plaideurs les escadrons épars
Faire autour de Thémis flotter ses étendards.
Mais une église seule à ses yeux immobile,
Garde au sein du tumulte une assiette tranquille.
Elle seule la brave ; elle seule aux procès
De ses paisibles murs veut défendre l'accès.
La Discorde, à l'aspect d'un calme qui l'offense,
Fait siffler ses serpents, s'excite à la vengeance.
Sa bouche se remplit d'un poison odieux,
Et de longs traits de feu lui sortent par les yeux.

« Quoi ! dit-elle d'un ton qui fit trembler les vitres,
J'aurai pu jusqu'ici brouiller tous les chapitres,
Diviser cordeliers, carmes et célestins !
J'aurai fait soutenir un siége aux Augustins !
Et cette église seule, à mes ordres rebelle,
Nourrira dans son sein une paix éternelle !

Suis-je donc la Discorde? et parmi les mortels,
Qui voudra désormais encenser mes autels? »

A ces mots, d'un bonnet couvrant sa tête énorme :
Elle prend d'un vieux chantre et la taille et la forme,
Elle peint de bourgeons son visage guerrier,
Et s'en va de ce pas trouver le trésorier.

Dans le réduit obscur d'une alcôve enfoncée,
S'élève un lit de plume à grands frais amassée,
Quatre rideaux pompeux, par un double contour,
En défendent l'entrée à la clarté du jour.
Là, parmi les douceurs d'un tranquille silence,
Règne sur le duvet une heureuse indolence.
C'est là que le prélat muni d'un déjeuner,
Dormant d'un léger somme attendait le dîner.
La jeunesse en sa fleur brille sur son visage,
Son menton sur son sein descend à double étage :
Et son corps ramassé dans sa courte grosseur,
Fait gémir les coussins sous sa molle épaisseur.

La déesse en entrant, qui voit la nappe mise,
Admire un si bel ordre et reconnaît l'Eglise ;
Et marchant à grands pas vers le lieu du repos,
Au prélat sommeillant elle adresse ces mots :

« Tu dors ! prélat, tu dors ! et là-haut à ta place,
Le chantre aux yeux du chœur étale son audace,
Chante les *Oremus*, fait des processions,
Et répand à grands flots les bénédictions.
Tu dors ! attends-tu donc que, sans bulle et sans titre,
Il te ravisse encor le rochet et la mitre ?
Sors de ce lit oiseux qui te tient attaché,
Et renonce au repos ou bien à l'évêché. »

Elle dit, et du vent de sa bouche profane,
Lui souffle avec ces mots l'ardeur de la chicane.
Le prélat se réveille, et plein d'émotion,
Lui donne toutefois la bénédiction.
Tel qu'on voit un taureau qu'une guêpe en furie,
A piqué dans les flancs, aux dépens de sa vie ;
Le superbe animal, agité de tourments,
Exhale sa douleur en longs mugissements.
Tel le fougueux prélat, que ce songe épouvante,
Querelle en se levant et laquais et servante :
Et d'un juste courroux rallumant sa vigueur,
Même avant le dîner parle d'aller au chœur.
Le prudent Gilotin, son aumônier fidèle,
En vain par ses conseils sagement le rappelle :
Lui montre le péril, que midi va sonner,
Qu'il va faire, s'il sort, refroidir le dîner.

« Quelle fureur, dit-il, quel aveugle caprice,
Quand le dîner est prêt, vous appelle à l'office ?
De votre dignité soutenez mieux l'éclat.
Est-ce pour travailler que vous êtes prélat ?
A quoi bon ce dégoût et ce zèle inutile ?
Est-il donc pour jeûner Quatre-Temps ou Vigile ?
Reprenez vos esprits, et souvenez-vous bien,
Qu'un dîner réchauffé ne valut jamais rien. »

Ainsi dit Gilotin, et ce ministre sage
Sur table, au même instant, fait servir le potage.
Le prélat voit sa soupe, et plein d'un saint respect
Demeure quelque temps muet à cet aspect.
Il cède, il dîne enfin, mais toujours plus farouche,
Les morceaux trop hâtés se pressent dans sa bouche;
Gilotin en gémit, et sortant de fureur,
Chez tous ses partisans va semer la terreur.
On voit courir chez lui leurs troupes éperdues,

Comme l'on voit marcher les bataillons de grues :
Quand le Pygmée altier redoublant ses efforts,
De l'Hèbre ou du Strymon vient d'occuper les bords.
A l'aspect imprévu de leur foule agréable,
Le prélat radouci veut se lever de table.
La couleur lui renaît, sa voix change de ton :
Il fait par Gilotin rapporter un jambon.
Lui-même le premier, pour honorer la troupe,
D'un vin pur et vermeil il fait remplir sa coupe.
Il l'avale d'un trait, et chacun l'imitant,
La cruche au large ventre est vide en un instant.
Sitôt que du nectar la troupe est abreuvée,
On dessert, et soudain la nappe étant levée,
Le prélat d'une voix conforme à son malheur,
Leur confie en ces mots sa trop juste douleur :

« Illustres compagnons de mes longues fatigues,
Qui m'avez soutenu par vos pieuses ligues,
Et par qui maître enfin d'un chapitre insensé,
Seul à *Magnificat* je me vois encensé,
Souffrirez-vous toujours qu'un orgueilleux m'outrage :
Que le chantre à vos yeux détruise votre ouvrage ;
Usurpe tous mes droits, et s'égalant à moi,
Donne à votre lutrin et le ton et la loi ?
Ce matin même encor, ce n'est point un mensonge,
Une divinité me l'a fait voir en songe ;
L'insolent s'emparant du fruit de mes travaux,
A prononcé pour moi le *Benedicat vos*.
Oui, pour mieux m'égorger il prend mes propres armes.

Le prélat à ces mots verse un torrent de larmes.
Il veut, mais vainement, poursuivre son discours,
Ses sanglots redoublés en arrêtent le cours.
Le zélé Gilotin qui prend part à sa gloire,
Pour lui rendre la voix fait rapporter à boire,

Quand Sidrac à qui l'âge allonge le chemin,
Arrive dans la chambre un bâton à la main.
Ce vieillard dans le chœur a déjà vu quatre âges,
Il sait de tous les temps les différents usages :
Et son rare savoir de simple marguillier,
L'éleva par degré au rang de chevecier *.
A l'aspect du prélat qui tombe en défaillance,
Il devine son mal, il se ride, il s'avance,
Et d'un ton paternel réprimant ses douleurs :
« Laisse au chantre, dit-il, la tristesse et les pleurs,
Prélat, et pour sauver tes droits et ton empire,
Écoute seulement ce que le ciel m'inspire.
Vers cet endroit du chœur où le chantre orgueilleux
Montre assis à ta gauche un front si sourcilleux ;
Sur ce rang d'ais serrés qui forment sa clôture,
Fut jadis un lutrin d'inégale structure,
Dont les flancs élargis de leur vaste contour
Ombrageaient pleinement tous les lieux d'alentour.
Derrière ce lutrin, ainsi qu'au fond d'un antre,
A peine sur son banc on discernait le chantre ;
Tandis qu'à l'autre banc le prélat radieux,
Découvert au grand jour attirait tous les yeux :
Mais un démon fatal à cette ample machine,
Soit qu'une main la nuit eût hâté sa ruine,
Soit qu'ainsi de tout temps l'ordonnât le destin,
Fit tomber à nos yeux le pupitre un matin.
J'eus beau prendre le ciel et le chantre à partie,
Il fallut l'emporter dans notre sacristie,
Où depuis trente hivers sans gloire enseveli,
Il languit tout poudreux dans un honteux oubli.
Entends-moi donc, prélat. Dès que l'ombre tranquille
Viendra d'un crêpe noir envelopper la ville,

C'est celui qui a soin des chapes et de la cire.

faut'que trois de nous, sans tumulte et sans bruit,
artent à la faveur de la naissante nuit,
t du lutrin rompu réunissant la masse,
llent d'un zèle adroit le remettre en sa place.
i le chantre demain ose le renverser,
lors de cent arrêts tu le peux terrasser.

our soutenir les droits que le Ciel autorise,
bîme tout plutôt : c'est l'esprit de l'Eglise.
est par-là qu'un prélat signale sa vigueur.
e borne pas ta gloire à prier dans un chœur.
es vertus dans Aleth peuvent être en usage :
ais dans Paris plaidons : c'est là notre partage.
es bénédictions dans le trouble croissant,
u pourras les répandre et par vingt et par cent ;
t pour braver le chantre en son orgueil extrême,
es répandre à ses yeux et le bénir lui-même. »

e discours aussitôt frappe tous les esprits :
le prélat charmé l'approuve par des cris.
veut que sur-le-champ dans la troupe on choisisse
s trois que Dieu destine à ce pieux office.
ais chacun prétend part à cet illustre emploi.
Le sort, dit le prélat, vous servira de loi.
ue l'on tire au billet ceux que l'on doit élire. »
dit, on obéit, on se presse d'écrire.
ussitôt trente noms sur le papier tracés,
ont au fond d'un bonnet par billets entassés.
our tirer ces billets avec moins d'artifice,
uillaume, enfant de chœur, prête sa main novice,
on front nouveau tondu, symbole de candeur,
ougit, en approchant, d'une honnête pudeur.
ependant le prélat, l'œil au ciel, la main nue,
énit trois fois les noms, et trois fois les remue.
tourne le bonnet. L'enfant tire, et Brontin

Est le premier des noirs qu'apporte le destin.
Le prélat en conçoit un favorable augure,
Et ce nom dans la troupe excite un doux murmure
On se tait, et bientôt on voit paraître au jour
Le nom, le fameux nom du perruquier l'Amour.
Ce nouvel Adonis, à la blonde crinière,
Est l'unique souci d'Anne sa perruquière,
Ils s'adorent l'un l'autre, et ce couple charmant
S'unit longtemps, dit-on, avant le sacrement.
Mais depuis trois moissons, à leur saint assemblage
L'official a joint le nom de mariage.
Ce perruquier superbe est l'effroi du quartier,
Et son courage est peint sur son visage altier.
Un des noms reste encore, et le prélat par grâce
Une dernière fois les brouille et les ressasse.
Chacun croit que son nom est le dernier des trois.
Mais que ne dis-tu point, ô puissant porte-croix!
Boirude, sacristain, cher appui de ton maître,
Lorsqu'aux yeux du prélat tu vis ton nom paraître
On dit que ton front jaune, et ton teint sans coule
Perdit en ce moment son antique pâleur ;
Et que ton cœur goutteux, plein d'une ardeur gue
Pour sauter au plancher fit deux pas en arrière.
Chacun bénit tout haut l'arbitre des humains,
Qui remet leur bon droit en de si bonnes mains.
Aussitôt on se lève, et, l'assemblée en foule,
Avec un bruit confus par les portes s'écoule.

Le prélat resté seul calme un peu son dépit,
Et jusques au souper se couche et s'assoupit.

CHANT II

Cependant cet oiseau qui prône les merveilles,
Ce monstre composé de bouches et d'oreilles,
Qui sans cesse volant de climats en climats,
Dit partout ce qu'il sait et ce qu'il ne sait pas.
La Renommée enfin, cette prompte courrière,
Va d'un mortel effroi glacer la perruquière :
Lui dit que son époux, d'un faux zèle conduit,
Pour placer un lutrin doit veiller cette nuit.
A ce triste récit, tremblante, désolée,
Elle accourt l'œil en feu, la tête échevelée,
Et trop sûre d'un mal qu'on pense lui celer :

« Oses-tu bien encor, traître, dissimuler?
Dit-elle, et ni la foi que ta main m'a donnée,
Ni nos embrassements qu'a suivi l'hyménée,
Ni ton épouse enfin toute prête à périr,
Ne sauraient donc t'ôter cette ardeur de courir ?
Perfide, si du moins à ton devoir fidelle,
Tu veillais pour orner quelque tête nouvelle ;
L'espoir du juste gain consolant ma langueur,
Pourrait de ton absence adoucir la longueur.
Mais quel zèle indiscret, quelle aveugle entreprise
Arme aujourd'hui ton bras en faveur d'une église ?
Où vas-tu, cher époux ? Est-ce que tu me fuis ?
As-tu donc oublié tant de si douces nuits ?
Quoi ! d'un œil sans pitié vois-tu couler mes larmes
Au nom de nos baisers jadis si pleins de charmes,
Si mon cœur, de tout temps facile à tes désirs,

N'a jamais d'un moment différé tes plaisirs ;
Si pour te prodiguer mes plus tendres caresses,
Je n'ai point exigé ni serments ni promesses ;
Si toi seul à mon lit enfin eus toujours part,
Diffère au moins d'un jour ce funeste départ. »

En achevant ces mots, cette amante enflammée,
Sur un placet voisin tombe demi-pâmée.
Son époux s'en émeut, et son cœur éperdu
Entre deux passions demeure suspendu :
Mais enfin rappelant son audace première :

« Ma femme, lui dit-il d'une voix douce et fière,
Je ne veux point nier les solides bienfaits
Dont ton âme prodigue a comblé mes souhaits
Et le Rhin de ses flots ira grossir la Loire,
Avant que tes faveurs sortent de ma mémoire.
Mais ne présume pas qu'en te donnant ma foi,
L'hymen m'ait pour jamais asservi sous ta loi.
Si le ciel en mes mains eut mis ma destinée,
Nous aurions fui tous deux le joug de l'hyménée
Et sans nous opposer ces devoirs prétendus,
Nous goûterions encor des plaisirs défendus.
Cesse donc à mes yeux d'étaler un vain titre ;
Ne m'ôte pas l'honneur d'élever un pupitre ;
Et toi-même, donnant un frein à tes désirs,
Raffermis ma vertu qu'ébranlent tes soupirs.
Que te dirai-je enfin ? c'est le ciel qui m'appelle.
Une église, un prélat m'engage en sa querelle.
Il faut partir : j'y cours. Dissipe tes douleurs,
Et ne me troubles plus par tes indignes pleurs. »

Il la quitte à ces mots. Son amante effarée
Demeure le teint pâle et la vue égarée :
La force l'abandonne, et sa bouche trois fois

Voulant le rappeler ne trouve plus de voix.
Elle fuit, et de pleurs inondant son visage,
Seule pour s'enfermer vole au cinquième étage.
Mais d'un bouge prochain, accourant à ce bruit,
Sa servante Alizon la rattrape et la suit.

Les ombres cependant sur la ville épandues,
Du faîte des maisons descendent dans les rues :
Le souper hors du chœur chasse les chapelains,
Et de chantres buvants les cabarets sont pleins.
Le redouté Brontin que son devoir éveille,
Sort à l'instant chargé d'une triple bouteille,
D'un vin dont Gilotin, qui savait tout prévoir,
Au sortir du conseil eut soin de le pourvoir :
L'odeur d'un jus si doux lui rend le faix moins rude;
Il est bientôt suivi du sacristain Boirude,
Et tous deux de ce pas s'en vont avec chaleur
Du trop lent perruquier réveiller la valeur.
« Partons, lui dit Brontin. Déjà le jour plus sombre,
Dans les eaux s'éteignant va faire place à l'ombre.
D'où vient ce noir chagrin que je lis dans tes yeux ?
Quoi ! le pardon sonnant te retrouve en ces lieux ?
Où donc est ce grand cœur, dont tantôt l'allégresse
Semblait du jour trop long accuser la paresse ?
Marche et suis-nous du moins où l'honneur nous attend. »

Le perruquier, honteux, rougit en l'écoutant.
Aussitôt de longs clous il prend une poignée,
Sur son épaule il charge une lourde cognée,
Et derrière son dos qui tremble sous le poids,
Il attache une scie en forme de carquois.
Il sort au même instant; il se met à leur tête.
A suivre ce grand chef l'un et l'autre s'apprête.
Leur cœur semble allumé d'un zèle tout nouveau.
Brontin tient un maillet, et Boirude un marteau.

La lune, qui du ciel voit leur démarche altière,
Retire en leur faveur sa paisible lumière.
La Discorde en sourit, et les suivant des yeux,
De joie, en les voyant, pousse un cri dans les cieux.
L'air, qui gémit du cri de l'horrible déesse,
Va jusque dans Cîteaux réveiller la Mollesse.
C'est là qu'en un dortoir elle fait son séjour.
Les Plaisirs nonchalants folâtrent à l'entour.
L'un pétrit dans un coin l'embonpoint des chanoines :
L'autre broye en riant le vermillon des moines :
La Volupté la sert avec des yeux dévots,
Et toujours le sommeil lui verse des pavots.
Ce soir plus que jamais en vain il les redouble.
La Mollesse à ce bruit se réveille, se trouble,
Quand la nuit, qui déjà va tout envelopper,
D'un funeste récit vient encor la frapper :
Lui conte du prélat l'entreprise nouvelle.
Aux pieds des murs sacrés d'une sainte chapelle
Elle a vu trois guerriers, ennemis de la paix,
Marcher à la faveur de ses voiles épais.
La Discorde en ces lieux menace de s'accroître.
Demain avec l'Aurore un lutrin va paraître,
Qui doit y soulever un peuple de mutins.
Ainsi le ciel l'écrit au livre des destins.

A ce triste discours, qu'un long soupir achève
La Mollesse, en pleurant, sur un bras se relève,
Ouvre un œil languissant, et d'une faible voix,
Laisse tomber ces mots qu'elle interrompt vingt fois :
« O Nuit, que m'as-tu dit ? Quel démon sur la terre
Souffle dans tous les cœurs la fatigue et la guerre ?
Hélas ! qu'est devenu ce temps, cet heureux temps
Où les rois s'honoraient du nom de fainéans,
S'endormaient sur le trône, et me servant sans honte,

Laissaient leur sceptre aux mains ou d'un maire ou d'un
comte ?

Aucun soin n'approchait de leur paisible cour,
On reposait la nuit, on dormait tout le jour.

Seulement au printemps, quand Flore dans les plaines
Faisait taire des vents les bruyantes haleines,
Quatre bœufs attelés, d'un pas tranquille et lent,
Promenaient dans Paris le monarque indolent.
Ce doux siècle n'est plus. Le ciel impitoyable
A placé sur leur trône un prince infatigable.
Il brave mes douceurs, il est sourd à ma voix :
Tous les jours il m'éveille au bruit de ses exploits.
Rien ne peut arrêter sa vigilante audace.
L'été n'a point de feux, l'hiver n'a point de glace.
J'entends à son seul nom tous mes sujets frémir.
En vain deux fois la Paix a voulu l'endormir ;
Loin de moi son courage, entraîné par la gloire,
Ne se plaît qu'à courir de victoire en victoire.
Je me fatiguerais à te tracer le cours
Des outrages cruels qu'il me fait tous les jours.
Je croyais, loin des lieux d'où ce prince m'exile,
Que l'Église du moins m'assurait un asile;
Mais en vain j'espérais y régner sans effroi :
Moines, abbés, prieurs, tout s'arme contre moi :
Par mon exil honteux la Frappe est annoblie,
J'ai vu dans Saint-Denis la réforme établie,
Le carme, le feuillant s'endurcit aux travaux,
Et la règle déjà se remet dans Clairvaux.
Cîteaux dormait encore, et la Sainte-Chapelle :
Conservait du vieux temps l'oisiveté fidèle ;
Et voici qu'un lutrin, prêt à tout renverser,
D'un séjour si chéri vient encor me chasser.
O toi, de mon repos compagne aimable et sombre,
A de si noirs forfaits prêteras-tu ton ombre ?

Ah ! Nuit, si tant de fois dans les bras de l'Amour,
Je t'admis au plaisir que je cachais au jour,
Du moins ne permets pas... » La Mollesse oppressée,
Dans sa bouche à ce mot sent sa langue glacée,
Et lasse de parler, succombant sous l'effort,
Soupire, étend les bras, ferme l'œil et s'endort.

CHANT III

Mais la Nuit aussitôt de ses ailes affreuses
Couvre des Bourguignons les campagnes vineuses,
Revole vers Paris, et hâtant son retour,
Déjà de Montlhéry voit la fameuse tour.
Ses murs dont le sommet se dérobe à la vue,
Sur la cime d'un roc s'allongent dans la nue,
Et présentant de loin leur objet ennuyeux,
Du passant qui le fuit semble suivre les yeux.
Mille oiseaux effrayants, mille corbeaux funèbres,
De ces murs désertés habitent les ténèbres.
Là, depuis trente hivers, un hibou retiré
Trouvait contre le jour un refuge assuré.
Des désastres fameux ce messager fidèle
Sait toujours des malheurs la première nouvelle,
Et tout prêt d'en semer le présage odieux,
Il attendait la Nuit dans ces sauvages lieux.
Aux cris qu'à son abord vers ie ciel il envoie,
Il rend tous ses voisins attristés de sa joie.
La plaintive Progné de douleur en frémit,
Et dans les bois prochains Philomèle en gémit.
« Suis-moi, » lui dit la Nuit. L'oiseau, plein d'allégresse.
Reconnaît à ce ton la voix de sa maîtresse.
Il la suit et tous deux, d'un cours précipité,
De Paris à l'instant abordent la cité.
Là, s'élançant d'un vol que le vent favorise
Ils montent au sommet de la fatale église.
La Nuit baisse la vue, et du haut du clocher
Observe les guerriers, les regarde marcher

Elle voit le barbier qui, d'une main légère,
Tient un verre de vin, qui rit dans la fougère,
Et chacun tour à tour s'inondant de ce jus,
Célébrer en buvant Gilotin et Bacchus.
« Ils triomphent, dit-elle, et leur âme abusée
Se promet dans mon ombre une victoire aisée.
Mais allons, il est temps qu'ils connaissent la Nuit. »

A ces mots regardant le hibou qui la suit,
Elle perce les murs de la voûte sacrée ;
Jusqu'en la sacristie elle s'ouvre une entrée,
Et dans le ventre creux du pupitre fatal
Va placer de ce pas le sinistre animal.

Mais les trois champions, pleins de vin et d'audace,
Du palais cependant passent la grande place,
Et suivant de Bacchus les auspices sacrés,
De l'auguste chapelle ils montent les degrés.
Ils atteignaient déjà le superbe portique
Où Ribou le libraire, au fond de sa boutique,
Sous vingt fidèles clefs, garde et tient en dépôt
L'amas toujours entier des écrits de Haynaut.
Quand Boirude, qui voit que le péril approche,
Les arrête, et tirant un fusil de sa poche,
Des veines d'un caillou, qu'il frappe au même instant,
Il fait jaillir un feu qui pétille en sortant :
Et bientôt au brasier d'une mèche enflammée,
Montre, à l'aide du soufre, une cire allumée.
Cet astre tremblotant, dont le jour les conduit,
Est pour eux un soleil au milieu de la nuit.
Le temple à sa faveur est ouvert par Boirude.
Ils passent de la nef la vaste solitude,
Et dans la sacristie entrant, non sans terreur,
En percent jusqu'au fond la ténébreuse horreur.
C'est là que du lutrin gît la machine énorme ;

La troupe quelque temps en admire la forme.
Mais le barbier qui tient les moments précieux :
« Ce spectacle n'est pas pour amuser nos yeux,
Dit-il, le temps est cher, portons-le dans le temple;
C'est là qu'il faut demain qu'un prélat le contemple. »
Et d'un bras, à ces mots, qui peut tout ébranler,
Lui-même se courbant s'apprête à le rouler.
Mais à peine il y touche, ô prodige incroyable !
Que du pupitre sort une voix effroyable.
Brontin en est ému, le sacristain pâlit,
Le perruquier commence à regretter son lit.
Dans son hardi projet toutefois il s'obstine,
Lorsque des flancs poudreux de la vaste machine
L'oiseau sort en courroux, et d'un cri menaçant
Achève d'étonner le barbier frémissant.
De ses ailes dans l'air secouant la poussière,
Dans la main de Boirude il éteint la lumière :
Les guerriers à ce coup demeurent confondus :
Ils regagnent la nef de frayeur éperdus.
Sous leurs corps tremblottants leurs genoux s'affaiblissent :
D'une subite horreur leurs cheveux se hérissent :
Et bientôt au travers des ombres de la nuit
Le timide escadron se dissipe et s'enfuit.

Ainsi lorsqu'en un coin, qui leur tient lieu d'asile,
D'écoliers libertins une troupe indocile,
Loin des yeux d'un préfet au travail assidu,
Va tenir quelquefois un brelan défendu :
Si du vaillant Argus la figure effrayante,
Dans l'ardeur du plaisir à leurs yeux se présente,
Le jeu cesse à l'instant, l'asile est déserté,
Et tout fuit à grands pas le tyran redouté.

La Discorde qui voit leur honteuse disgrâce,
Dans les airs cependant tonne, éclate, menace,

Et malgré la frayeur dont leurs cœurs sont glacés,
S'apprête à réunir ses soldats dispersés.
Aussitôt de Sidrac elle emprunte l'image :
Elle ride son front, allonge son visage,
Sur un bâton noueux laisse courber son corps,
Dont la Chicane semble animer les ressorts ;
Prend un cierge en sa main, et d'une voix cassée
Vient ainsi gourmander la troupe terrassée :
« Lâches, où fuyez-vous ? Quelle peur vous abat ?
Aux cris d'un vil oiseau vous cédez sans combat ?
Où sont ces beaux discours jadis si pleins d'audace ?
Craignez-vous d'un hibou l'impuissante grimace ?
Que feriez-vous, hélas ! si quelque exploit nouveau
Chaque jour, comme moi, vous traînait au barreau ?
S'il fallait sans amis, briguant une audience,
D'un magistrat glacé soutenir la présence :
Ou d'un nouveau procès, hardi solliciteur,
Aborder sans argent un clerc de rapporteur ?
Croyez-moi, mes enfants, je vous parle à bon titre :
J'ai moi seul autrefois plaidé tout un chapitre,
Et le barreau n'a point de monstres si hagards,
Dont mon œil n'ait cent fois soutenu les regards.

Tous les jours sans trembler j'assiégeais leurs passages;
L'Eglise était alors fertile en grands courages.
Le moindre d'entre nous, sans argent, sans appui,
Eût plaidé le prélat et le chantre avec lui.
Le monde, de qui l'âge avance les ruines,
Ne peut plus enfanter de ces âmes divines.
Mais que vos cœurs du moins, imitant leurs vertus,
De l'aspect d'un hibou ne soient pas abattus.
Songez quel déshonneur va souiller votre gloire,
Quand le chantre demain entendra sa victoire.
Vous verrez tous les jours le chanoine insolent,
Au seul mot de hibou vous sourire en parlant.

Votre âme à ce penser de colère murmure :
Allez donc de ce pas en prévenir l'injure.
Méritez les lauriers qui vous sont réservés,
Et ressouvenez-vous quel prélat vous servez.
Mais déjà la fureur dans vos yeux étincelle :
Marchez, courez, volez où l'honneur vous appelle.
Que le prélat surpris d'un changement si prompt,
Apprenne la vengeance aussitôt que l'affront. »

En achevant ces mots, la déesse guerrière
De son pied trace en l'air un sillon de lumière;
Rend aux trois champions leur intrépidité,
Et les laisse tout pleins de sa divinité.
C'est ainsi, grand Condé, qu'en ce combat célèbre,
Où ton bras fit trembler le Rhin, l'Escaut et l'Ebre,
Lorsqu'aux plaines de Lens nos bataillons poussés
Furent presque à tes yeux ouverts et renversés,
Ta valeur arrêtant les troupes fugitives,
Rallia d'un regard leurs cohortes craintives;
Répandit dans leurs rangs ton esprit belliqueux,
Et força la victoire à te suivre avec eux.

La colère à l'instant succédant à la crainte,
Ils rallument le feu de leur bougie éteinte:
Ils rentrent. L'oiseau sort. L'escadron raffermi
Rit du honteux départ d'un si faible ennemi.
Aussitôt dans le chœur la machine emportée
Est sur le banc du chantre à grand bruit remontée.
Ses ais demi-pourris que l'âge a relâchés,
Sont à coups de maillet unis et rapprochés.
Sous les coups redoublés tous les bancs retentissent,
Les murs en sont émus, les voûtes en mugissent,
Et l'orgue même en pousse un long gémissement.
Que fais-tu, chantre, hélas ! dans ce triste moment ?
Tu dors d'un profond somme, et ton cœur sans alarmes

Ne sait pas qu'on bâtit l'instrument de tes larmes.
O ! que si quelque bruit, par un heureux réveil,
T'annonçait du lutrin le funeste appareil,
Avant que de souffrir qu'en en posât la masse,
Tu viendrais en apôtre expirer dans ta place !
En martyr glorieux d'un point d'honneur nouveau,
Offrir ton corps aux clous et ta tête au marteau.

Mais déjà sur ton banc la machine enclavée
Est durant ton sommeil à ta honte élevée.
Le sacristain achève en deux coups de rabot,
Et le pupitre enfin tourne sur son pivot.

CHANT IV

Les cloches dans les airs de leurs voix argentines
Appelaient à grand bruit les chantres à matines,
Quand leur chef agité d'un sommeil effrayant,
Encor tout en sueur se réveille en criant.
Aux élans redoublés de sa voix douloureuse,
Tous ses valets tremblants quittent la plume oiseuse :
Le vigilant Girot court à lui le premier,
C'est d'un maître si saint le plus digne officier.
La porte dans le chœur à sa garde est commise :
Valet souple au logis, fier huissier à l'église.

« Quel chagrin, lui dit-il, trouble votre sommeil ?
Quoi ! voulez-vous au chœur prévenir le soleil ?
Ah ! dormez et laissez à des chantres vulgaires
Le soin d'aller si tôt mériter leurs salaires.
— Ami, lui dit le chantre encor pâle d'horreur,
N'insulte point, de grâce, à ma juste terreur.
Mêle plutôt ici tes soupirs à mes plaintes,
Et tremble en écoutant le sujet de mes craintes.
Pour la seconde fois un sommeil gracieux
Avait sous ses pavots appesanti mes yeux,
Quand l'esprit enivré d'une douce fumée,
J'ai cru remplir au chœur ma place accoutumée.
Là, triomphant aux yeux des chantres impuissants,
Je bénissais le peuple et j'avalais l'encens :
Lorsque du fond caché de notre sacristie,
Une épaisse nuée à longs flots est sortie,
Qui s'ouvrant à mes yeux dans son bleuâtre éclat,
M'a fait voir un serpent conduit par le prélat.

Du corps de ce dragon plein de soufre et de nitre,
Une tête sortait en forme de pupitre,
Dont le triangle affreux, tout hérissé de crins,
Surpassait en grosseur nos plus épais lutrins.
Animé par son guide, en sifflant il s'avance :
Contre moi sur un banc je le vois qui s'élance.
J'ai crié, mais en vain, et fuyant sa fureur,
Je me suis réveillé plein de trouble et d'horreur. »

Le chantre s'arrêtant à cet endroit funeste,
A ses yeux effrayés laisse dire le reste.
Girot en vain l'assure, et riant de sa peur,
Nomme sa vision l'effet d'une vapeur.
Le désolé vieillard qui hait la raillerie,
Lui défend de parler, sort du lit en furie.
On apporte à l'instant ses somptueux habits,
Où sur l'oüette molle éclate le tabis.
D'une longue soutane il endosse la moire,
Prend ses gants violets, les marques de sa gloire,
Et saisit en pleurant ce rochet qu'autrefois
Le prélat trop jaloux lui rogna de trois doigts.
Aussitôt d'un bonnet ornant sa tête grise,
Déjà l'aumusse en main il marche vers l'église,
Et hâtant de ses ans l'importune langueur,
Court, vole, et le premier arrive dans le chœur.

O toi qui sur ces bords qu'une eau dormante mouille *,
Vit combattre autrefois le rat et la grenouille;
Qui par les traits hardis d'un bizarre pinceau,
Mit l'Italie en feu pour la perte d'un seau **,
Muse, prête à ma bouche une voix plus sauvage,

* Homère a fait la *Guerre des rats et des grenouilles* (la Batrachomyomachie).
** *La Secchia rapita*, poëme italien de Tassoni.

Pour chanter le dépit, la colère, la rage,
Que le chantre sentit allumer dans son sang
A l'aspect du pupitre élevé sur son banc.
D'abord pâle et muet, de colère immobile,
A force de douleur il demeura tranquille :
Mais sa voix s'échappant au travers des sanglots,
Dans sa bouche à la fin fit passage à ces mots :

« La voilà donc, Girot, cette hydre épouvantable,
Que m'a fait voir un songe, hélas ! trop véritable.
Je le vois ce dragon tout prêt à m'égorger,
Ce pupitre fatal qui me doit ombrager.
Prélat, que t'ai-je fait ? quelle rage envieuse
Rend pour me tourmenter ton âme ingénieuse ?
Quoi ! même dans ton lit, cruel, entre deux draps,
Ta profane fureur ne se repose pas ?
O ciel ! quoi ! sur mon banc une honteuse masse
Désormais me va faire un cachot de ma place ?
Inconnu dans l'église, ignoré dans ce lieu,
Je ne pourrai donc plus être vu que de Dieu ?
Ah ! plutôt qu'un moment cet affront m'obscurcisse ;
Renonçons à l'autel, abandonnons l'office,
Et sans lasser le Ciel par des chants superflus,
Ne voyons plus un chœur où l'on ne nous voit plus.
Sortons. Mais cependant mon ennemi tranquille
Jouira sur son banc de ma rage inutile,
Et verra dans le chœur le pupitre exhaussé
Tourner sur le pivot où sa main l'a placé.
Non, s'il n'est abattu je ne saurais plus vivre.
A moi ! Girot, je veux que mon bras m'en délivre.
Périssons, s'il le faut ; mais de ses ais brisés
Entraînons en mourant les restes divisés. »

A ces mots d'une main par la rage affermie,
Il saisissait déjà la machine ennemie,

Lorsqu'en ce sacré lieu, par un heureux hasard,
Entre Jean le choriste et le sonneur Girard,
Deux Manceaux renommés, en qui l'expérience
Pour les procès est jointe à la vaste science.
L'un et l'autre aussitôt prend part à son affront.
Toutefois, condamnant un mouvement trop prompt,
« Du lutrin, disent-ils, abattons la machine;
Mais ne nous chargeons pas tous seuls de sa ruine
Et que tantôt, aux yeux du chapitre assemblé,
Il soit sous trente mains en plein jour accablé. »

Ces mots des mains du chantre arrachent le pupitre.
« J'y consens, leur dit-il, assemblons le chapitre.
Allez donc de ce pas, par de saints hurlements,
Vous-mêmes appeler les chanoines dormants.
Partez. » Mais ce discours les surprend et les glace.
« Nous ? qu'en ce vain projet, pleins d'une folle audace,
Nous allions, dit Girard, la nuit nous engager !
De notre complaisance osez-vous l'exiger ?
Hé ! Seigneur, quand nos cris pourraient, du fond des rues,
De leurs appartements percer les avenues,
Réveiller ces valets autour d'eux étendus,
De leur sacré repos ministres assidus,
Et pénétrer des lits au bruit inaccessibles;
Pensez-vous, au moment que les ombres paisibles
A ces lits enchanteurs ont su les attacher,
Que la voix d'un mortel les en puisse arracher ?
Deux chantres feront-ils, dans l'ardeur de vous plaire,
Ce que depuis trente ans six cloches n'ont pu faire !
— Ah ! je vois bien où tend tout ce discours trompeur,
Reprend le chaud vieillard, le prélat vous fait peur.
Je vous ai vu cent fois sous sa main bénissante
Courber servilement une épaule tremblante.
Hé bien ! allez, sous lui fléchissez les genoux ;
Je saurai réveiller les chanoines sans vous.

Viens, Girot, seul ami qui me reste fidèle :
Prenons du saint jeudi la bruyante crécelle *,
Suis-moi. Qu'à son lever le soleil aujourd'hui
Trouve tout le chapitre éveillé devant lui. »

Il dit. Du fond poudreux d'une armoire sacrée
Par les mains de Girot la crécelle est tirée.
Ils sortent à l'instant, et par d'heureux efforts
Du lugubre instrument font crier les ressorts.
Pour augmenter l'effroi, la Discorde infernale
Monte dans le palais, entre dans la grand'salle,
Et du fond de cet antre, au travers de la nuit,
Fait sortir le démon du tumulte et du bruit.
Le quartier alarmé n'a plus d'yeux qui sommeillent ;
Déjà de toutes parts les chanoines s'éveillent.
L'un croit que le tonnerre est tombé sur les toits,
Et que l'église brûle une seconde fois. **
L'autre, encore agité de vapeurs plus funèbres,
Pense être au Jeudi-Saint, croit que l'on dit ténèbres,
Et déjà tout confus tenant midi sonné,
En soi-même frémit de n'avoir point dîné.

Ainsi, lorsque tout prêt à briser cent murailles,
Louis, la foudre en main, abandonnant Versailles,
Au retour du Soleil et des Zéphirs nouveaux,
Fait dans les champs de Mars déployer ses drapeaux ;
Au seul bruit répandu de sa marche étonnante,
Le Danube s'émeut, le Tage s'épouvante,
Bruxelle attend le coup qui la doit foudroyer,
Et le Batave encore est prêt à se noyer.
Mais en vain dans leurs lits un juste effroi les presse ;
Aucun ne laisse encor la plume enchanteresse.

* Instrument dont on se sert le Jeudi-Saint au lieu des
cloches.
** Le toit de la Sainte-Chapelle fut brûlé en 1618.

Pour les en arracher Girot s'inquiétant,
Va crier qu'au chapitre un repas les attend.
Ce mot dans tous les cœurs répand la vigilance.
Tout s'ébranle, tout sort, tout marche en diligence;
Ils courent au chapitre, et chacun se pressant
Flatte d'un doux espoir son appétit naissant.
Mais, ô d'un déjeuner vaine et frivole attente !
A peine ils sont assis, que d'une voix dolente
Le chantre désolé, lamentant son malheur,
Fait mourir l'appétit et naître la douleur.
Le seul chanoine Evrard, d'abstinence incapable,
Ose encor proposer qu'on apporte la table.
Mais il a beau presser, aucun ne lui répond.
Quand le premier rompant ce silence profond,
Alain tousse et s'élève, Alain, ce savant homme,
Qui de Bauni vingt fois a lu toute la *Somme*,
Qui possède Abéli, qui sait tout Raconis,
Et même entend, dit-on, le latin d'A Kempis.

« N'en doutez point, leur dit ce savant canoniste,
Ce coup part, j'en suis sûr, d'une main janséniste.
Mes yeux en sont témoins : j'ai vu moi-même hier
Entrer chez le prélat le chapelain Garnier.
Arnauld, cet hérétique ardent à nous détruire,
Par ce ministre adroit tente de le séduire.
Sans doute il aura lu dans son saint Augustin,
Qu'autrefois saint Louis érigea ce lutrin.
Il va nous inonder des torrents de sa plume ;
Il faut pour lui répondre ouvrir plus d'un volume.
Consultons sur ce point quelque auteur signalé,
Voyons si des lutrins Bauni n'a point parlé.
Etudions enfin, il en est temps encore ;
Et pour ce grand projet, tantôt dès que l'Aurore
Rallumera le jour dans l'onde enseveli,

Que chacun prenne en main le moelleux Abéli *. »

Ce conseil imprévu de nouveau les étonne :
Surtout le gras Evrard d'épouvante en frissonne.

« Moi, dit-il, qu'à mon âge, écolier tout nouveau,
J'aille pour un lutrin me troubler le cerveau ?
O le plaisant conseil ! Non, non, songeons à vivre :
Va maigrir si tu veux et sécher sur un livre.
Pour moi, je lis la Bible autant que l'Alcoran.
Je sais ce qu'un fermier nous doit rendre par an :
Sur quelle vigne à Reims nous avons hypothèque.
Vingt muids rangés chez moi font ma bibliothèque.
En plaçant un pupitre on croit nous rabaisser ;
Mon bras seul sans latin saura le renverser.
Que m'importe qu'Arnauld me condamne ou m'approuve
J'abats ce qui me nuit partout où je le trouve.
C'est là mon sentiment. A quoi bon tant d'apprêts ?
Du reste, déjeunons, Messieurs, et buvons frais. »

Ce discours que soutient l'embonpoint du visage,
Rétablit l'appétit, réchauffe le courage ;
Mais le chantre surtout en paraît rassuré.

« Oui, dit-il, le pupitre a déjà trop duré.
Allons sur sa ruine assurer ma vengeance.
Donnons à ce grand œuvre une heure d'abstinence,
Et qu'au retour tantôt un ample déjeuner
Longtemps nous tienne à table et s'unisse au dîner. »

Aussitôt il se lève et la troupe fidèle
Par ces mots attirants sent redoubler son zèle.
Ils marchent droit au chœur d'un pas audacieux :

---

* **Fameux auteur** qui a fait la *Moelle théologique* (**Me**-
dulla theologica).

Et bientôt le lutrin se fait voir à leurs yeux.
A ce terrible objet aucun d'eux ne consulte ;
Sur l'ennemi commun ils fondent en tumulte.
Ils sapent le pivot, qui se défend en vain ;
Chacun sur lui d'un coup veut honorer sa main.
Enfin, sous tant d'efforts la machine succombe,
Et son corps entr'ouvert chancelle, éclate et tombe.
Tels sur les monts glacés des farouches Gélons
Tombe un chêne battu des voisins aquilons ;
Ou tel abandonné de ses poutres usées,
Fond enfin un vieux toit sous ses tuiles brisées.

La masse est emportée, et ses ais arrachés
Sont aux yeux des mortels chez le chantre cachés.

CHANT V

L'Aurore cependant, d'un juste effroi troublée,
Des chanoines levés voit la troupe assemblée,
Et contemple longtemps, avec des yeux confus,
Ces visages fleuris qu'elle n'a jamais vus.
Chez Sidrac aussitôt Brontin, d'un pied fidèle,
Du pupitre abattu va porter la nouvelle.
Le vieillard de ses soins bénit l'heureux succès,
Et sur un bois détruit bâtit mille procès.
L'espoir d'un doux tumulte échauffant son courage,
Il ne sent plus le poids ni les glaces de l'âge,
Et chez le trésorier de ce pas à grand bruit,
Vient étaler au jour les rimes de la nuit.
Au récit imprévu de l'horrible insolence,
Le prélat hors du lit impétueux s'élance.
Vainement d'un breuvage, à deux mains apporté,
Gilotin avant tout le veut voir humecté.
Il veut partir à jeun, il se peigne, il s'apprête;
L'ivoire trop hâté deux fois rompt sur sa tête,
Et deux fois de sa main le buis tombe en morceaux.
Tel Hercule filant rompait tous les fuseaux.
Il sort demi-paré. Mais déjà sur sa porte
Il voit de saints guerriers une ardente cohorte,
Qui, tous remplis pour lui d'une égale vigueur,
Sont prêts pour le servir à déserter le chœur.
Mais le vieillard condamné un projet inutile :
« Nos destins sont, dit-il, écrits chez la sibylle ;
Son antre n'est pas loin, allons la consulter,
Et subissons la loi qu'elle nous va dicter. »
Il dit : à ce conseil où la raison domine,

Sur ses pas au barreau la troupe s'achemine,
Et bientôt dans le temple entend, non sans frémir,
De l'antre redouté les soupiraux gémir.

Entre ces vieux appuis, dont l'affreuse grand'salle
Soutient l'énorme poids de sa voûte infernale,
Est un pilier fameux, des plaideurs respecté,
Et toujours de Normands à midi fréquenté.
Là, sur des tas poudreux de sacs et de pratique,
Hurle tous les matins une sibylle étique ;
On l'appelle Chicane, et ce monstre odieux
Jamais pour l'équité n'eut d'oreilles ni d'yeux.
La Disette au teint blême et la triste Famine,
Les Chagrins dévorants et l'infâme Ruine,
Enfants infortunés de ses raffinements,
Troublent l'air d'alentour de longs gémissements.
Sans cesse feuilletant les lois et la coutume,
Pour consumer autrui, le monstre se consume,
Et dévorant maisons, palais, châteaux entiers,
Rend pour des monceaux d'or de vains tas de papiers.
Sous le coupable effort de sa noire insolence,
Thémis a vu cent fois chanceler la balance.
Incessamment il va de détour en détour ;
Comme un hibou souvent il se dérobe au jour.
Tantôt les yeux en feu, c'est un lion superbe ;
Tantôt humble serpent, il se glisse sous l'herbe.
En vain pour le dompter le plus juste des rois
Fit régler le chaos des ténébreuses lois :
Ses griffes vainement par Pussort raccourcies *,
Se rallongent déjà, toujours d'encre noircies,
Et ses ruses perçant et digues et remparts,
Par cent brèches déjà rentrent de toutes parts.

---

* M. Pussort, conseiller d'État, est celui qui a le plus
contribué à faire le Code.

Le vieillard humblement l'aborde et le salue;
Et faisant avant tout briller l'or à sa vue:
« Reine des longs procès, dit-il, dont le savoir
Rend la force inutile et les lois sans pouvoir,
Toi pour qui dans le Mans le laboureur moissonne,
Pour qui naissent à Caen tous les fruits de l'automne,
Si dès mes premiers ans, heurtant tous les mortels,
L'encre a toujours pour moi coulé sur tes autels,
Daigne encor me connaître en ma saison dernière;
D'un prélat qui t'implore exauce la prière.
Un rival orgueilleux, de sa gloire offensé,
A détruit le lutrin par nos mains redressé.
Epuise en sa faveur ta science fatale;
Du Digeste et du Code ouvre-nous le dédale,
Et montre-nous cet art connu de tes amis,
Qui dans ses propres lois embarrasse Thémis. »

La Sibylle à ces mots déjà hors d'elle-même,
Fait lire sa fureur sur son visage blême,
Et pleine du démon qui la vient oppresser,
Par ces mots étonnants tâche à le repousser :
« *Chantres, ne craignez plus une audace insensée.*
Je vois, je vois au chœur la masse replacée.
Mais il faut des combats. Tel est l'arrêt du Sort,
Et surtout évitez un dangereux accord. »

Là bornant son discours, encor toute écumante,
Elle souffle aux guerriers l'esprit qui la tourmente;
Et dans leurs cœurs brûlants de la soif de plaider,
Verse l'amour de nuire et la peur de céder.
Pour tracer à loisir une longue requête,
A retourner chez soi leur brigade s'apprête.
Sous leurs pas diligents le chemin disparoît,
Et le pilier loin d'eux déjà baisse et décroît.

Loin du bruit cependant les chanoines à table,

Immolent trente mets à leur faim indomptable.
Leur appétit fougueux, par l'objet excité,
Parcourt tous les recoins d'un monstrueux pâté.
Par le sel irritant la soif est allumée ;
Lorsque d'un pied léger la prompte Renommée,
Semant partout l'effroi vient au chantre éperdu
Conter l'affreux détail de l'oracle rendu.
Il se lève enflammé de muscat et de bile,
Et prétend à son tour consulter la Sibylle.
Evrard a beau gémir du repas déserté,
Lui-même est au barreau par le nombre emporté.
Par les détours étroits d'une barrière oblique
Ils gagnent les degrés et le perron antique,
Où sans cesse étalant bons et méchants écrits,
Barbin vend aux passants des auteurs à tout prix.

Là le chantre à grand bruit arrive et se fait place,
Dans le fatal instant que d'une égale audace
Le prélat et sa troupe à pas tumultueux,
Descendaient du palais l'escalier tortueux.
L'un et l'autre rival s'arrêtant au passage,
Se mesure des yeux, s'observe, s'envisage.
Une égale fureur anime leurs esprits.
Tels deux fougueux taureaux, de jalousie épris,
Auprès d'une génisse au front large et superbe,
Oubliant tous les jours le pâturage et l'herbe,
A l'aspect l'un de l'autre embrasés, furieux,
Déjà, le front baissé, se menacent des yeux.
Mais Evrard, en passant, coudoyé par Boirude,
Ne sait point contenir son aigre inquiétude.
Il entre chez Barbin, et d'un bras irrité,
Saisissant du *Cyrus* un volume écarté,
Il lance au sacristain le tome épouvantable.
Boirude fuit le coup : le volume effroyable
Lui rase le visage, et, droit dans l'estomac,

Va frapper en sifflant l'infortuné Sidrac.
Le vieillard, accablé de l'horrible Artamène,
Tombe aux pieds du prélat, sans pouls et sans haleine,
Sa troupe le croit mort, et chacun empressé
Se croit frappé du coup dont il le voit blessé.

Aussitôt contre Evrard vingt champions s'élancent.
Pour soutenir leur choc, les chanoines s'avancent.
La Discorde triomphe, et du combat fatal,
Par un cri donne en l'air l'effroyable signal.
Chez le libraire absent tout entre, tout se mêle;
Les livres sur Evrard fondent comme la grêle,
Qui dans un grand jardin, à coups impétueux,
Abat l'honneur naissant des rameaux fructueux.
Chacun s'arme au hasard du livre qu'il rencontre.
L'un tient l'*Edit d'Amour*, l'autre en saisit la **Montre**;
L'un prend le seul *Jonas* qu'on ait vu relié,
L'autre un Tasse français, en naissant oublié.
L'élève de Barbin, commis à la boutique,
Veut en vain s'opposer à leur fureur gothique.
Les volumes sans choix, à la tête jetés,
Sur le perron poudreux volent de tous côtés.
Là, près d'un Guarini, Térence tombe à terre;
Là, Xénophon dans l'air heurte contre un la Serre.
O que d'écrits obscurs, de livres ignorés,
Furent en ce grand jour de la poudre tirés!
Vous en fûtes tirés, *Almerinde et Simandre*;
Et toi, rebut du peuple, inconnu *Caloandre*,
Dans ton repos, dit-on, saisi par Gaillerbois,
Tu vis le jour alors pour la première fois.
Chaque coup sur la chair laisse une meurtrissure.
Déjà plus d'un guerrier se plaint d'une blessure.
D'un Le Vayer épais Giraut est renversé.
Marineau, d'un Brébeuf à l'épaule blessé,
En sent par tout le bras une douleur amère,

Et maudit la *Pharsale* aux provinces si chère.
D'un Pinchêne in-quarto Dodillon étourdi,
A longtemps le teint pâle et le cœur affadi.
Au plus fort du combat le chapelain Garagne,
Vers le sommet du front atteint d'un *Charlemagne*
(Des vers de ce poëme effet prodigieux !),
Tout prêt à s'endormir, bâille et ferme les.yeux.
A plus d'un combattant la *Clélie* est fatale.
Girou dix fois par elle éclate et se signale.
Mais tout cède aux efforts du chanoine Fabri.
Ce guerrier, dans l'Eglise aux querelles nourri,
Est robuste de corps, terrible de visage,
Et de l'eau dans son vin n'a jamais su l'usage.
Il terrasse lui seul et Guiber et Grasset,
Et Gorillon la basse, et Grandin le fausset,
Et Gerbais l'agréable, et Guérin l'insipide.
Des chantres désormais la brigade timide
S'écarte et du Palais regagne les chemins.
Telle, à l'aspect d'un loup, terreur des champs voisins,
Fuit d'agneaux effrayés une troupe bêlante ;
Ou tels devant Achille, aux campagnes du Xante,
Les Troyens se sauvaient à l'abri de leurs tours,
Quand Brontin à Boirude adresse ce discours :

« Illustre porte-croix, par qui notre bannière
N'a jamais en marchant fait un pas en arrière,
Un chanoine lui seul triomphant du prélat,
Du rochet à nos yeux ternira-t-il l'éclat?
Non, non, pour te couvrir de sa main redoutable,
Accepte de mon corps l'épaisseur favorable.
Viens, et sous ce rempart à ce guerrier hautain
Fais voler ce Quinault qui me reste à la main. »

A ces mots il lui tend le doux et tendre ouvrage;
Le sacristain, bouillant de zèle et de courage,

Le prend, se cache, approche, et droit entre les yeux
Frappe du noble écrit l'athlète audacieux.
Mais c'est pour l'ébranler une faible tempête.
Le livre sans vigueur mollit contre sa tête.
Le chanoine les voit, de colère embrasé :

« Attendez, leur dit-il, couple lâche et rusé,
Et jugez si ma main, aux grands exploits novice,
Lance à mes ennemis un livre qui mollisse. »

A ces mots, il saisit un vieil *Infortiat*,
Grossi des visions d'Accurse et d'Alciat,
Inutile ramas de gothique écriture,
Dont quatre ais mal unis formaient la couverture,
Entourée à demi d'un vieux parchemin noir,
Où pendait à trois clous un reste de fermoir.
Sur l'ais qui le soutient auprès d'un Avicenne,
Deux des plus forts mortels l'ébranleraient à peine.
Le chanoine pourtant l'enlève sans effort,
Et sur le couple pâle et déjà demi-mort
Fait tomber à deux mains l'effroyable tonnerre.
Les guerriers de ce coup vont mesurer la terre,
Et du bois et des clous meurtris et déchirés,
Longtemps, loin du perron, roulent sur les degrés.

Au spectacle étonnant de leur chute imprévue,
Le prélat pousse un cri qui pénètre la nue.
Il maudit dans son cœur le démon des combats,
Et de l'horreur du coup il recule six pas.
Mais bientôt rappelant son antique prouesse,
Il tire du manteau sa dextre vengeresse ;
Il part, et de ses doigts, saintement allongés,
Bénît tous les passants en deux files rangés.
Il sait que l'ennemi, que ce coup va surprendre,
Désormais sur ses pieds ne l'oserait attendre,

Et déjà voit pour lui tout le peuple en courroux
Crier aux combattants : « Profanes, à genoux ! »
Le chantre, qui de loin voit approcher l'orage,
Dans son cœur éperdu cherche en vain du courage :
Sa fierté l'abandonne, il tremble, il cède, il fuit.
Le long des sacrés murs sa brigade le suit.
Tout s'écarte à l'instant ; mais aucun n'en réchappe.
Partout le doigt vainqueur les suit et les rattrape.
Evrard seul, en un coin prudemment retiré,
Se croyait à couvert de l'insulte sacré :
Mais le prélat vers lui fait une marche adroite,
Il l'observe de l'œil, et tirant vers la droite,
Tout d'un coup tourne à gauche, et d'un bras fortuné,
Bénit subitement le guerrier consterné.
Le chanoine, surpris de la foudre mortelle,
Se dresse et lève en vain une tête rebelle :
Sur ses genoux tremblants il tombe à cet aspect,
Et donne à la frayeur ce qu'il doit au respect.

Dans le temple aussitôt le prélat plein de gloire
Va goûter les doux fruits de sa sainte victoire,
Et de leur vain projet les chanoines punis
S'en retournent chez eux éperdus et bénis.

CHANT VI

Tandis que tout conspire à la guerre sacrée,
La piété sincère aux Alpes retirée *,
Du fond de son désert entend les tristes cris
De ses sujets cachés dans les murs de Paris.
Elle quitte à l'instant sa retraite divine.
La Foi d'un pas certain devant elle chemine ;
L'Espérance, au front gai, l'appuie et la conduit,
Et, la bourse à la main, la Charité la suit.
Vers Paris elle vole, et d'une audace sainte,
Vient aux pieds de Thémis proférer cette plainte :

« Vierge, effroi des méchants, appui de mes autels,
Qui, la balance en main, règle tous les mortels,
Ne viendrai-je jamais en tes bras salutaires,
Que pousser des soupirs et pleurer mes misères ?
Ce n'est donc pas assez qu'au mépris de tes lois
L'Hypocrisie ait pris et mon nom et ma voix ?
Que sous ce nom sacré partout ses mains avares
Cherchent à me ravir crosses, mitres, tiares ?
Faudra-t-il voir encor cent monstres furieux
Ravager mes Etats usurpés à tes yeux ?
Dans les temps orageux de mon naissant empire,
Au sortir du baptême on courait au martyre.
Chacun plein de mon nom ne respirait que moi.
Le fidèle, attentif aux règles de sa loi,
Fuyant des vanités la dangereuse amorce,
Aux honneurs appelé n'y montait que par force.

* La Grande-Chartreuse est dans les Alpes.

Ces cœurs, que les bourreaux ne faisaient point frémir,
A l'offre d'une mitre étaient prêts à gémir,
Et sans peur des travaux, sur mes traces divines,
Couraient chercher le ciel au travers des épines.
Mais depuis que l'Eglise eut aux yeux des mortels
De son sang en tous lieux cimenté ses autels,
Le calme dangereux succédant aux orages,
Une lâche tiédeur s'empara des courages ;
De leur zèle brûlant l'ardeur se ralentit ;
Sous le joug des péchés leur foi s'appesantit ;
Le moine secoua le cilice et la haire ;
Le chanoine indolent apprit à ne rien faire ;
Le prélat, par la brigue aux honneurs parvenu,
Ne sut plus qu'abuser d'un ample revenu,
Et pour toutes vertus fit au dos d'un carrosse
A côté d'une mitre, armorier sa crosse.
L'Ambition partout chassa l'Humilité ;
Dans la crasse du froc logea la Vanité.
Alors de tous les cœurs l'union fut détruite.
Dans mes cloîtres sacrés, la Discorde introduite,
Y bâtit de mon bien ses plus sûrs arsenaux,
Traîna tous mes sujets au pied des tribunaux.
En vain à ses fureurs j'opposai mes prières,
L'insolente à mes yeux marcha sous mes bannières.
Pour comble de misère, un tas de faux docteurs
Vint flatter les péchés de discours imposteurs ;
Infectant les esprits d'exécrables maximes,
Voulut faire à Dieu même approuver tous les crimes,
Une servile peur tint lieu de charité ;
Le besoin d'aimer Dieu passa pour nouveauté ;
Et chacun à mes pieds conservant sa malice,
N'apporta de vertu que l'aveu de son vice.

Pour éviter l'affront de ces noirs attentats,
J'allai chercher le calme au séjour des frimas,

Sur ces monts entourés d'une éternelle glace,
Où jamais au printemps les hivers n'ont fait place.
Mais jusque dans la nuit de mes sacrés déserts
Le bruit de mes malheurs fait retentir les airs.
Aujourd'hui même encore, une voix trop fidèle
M'a d'un triste désastre apporté la nouvelle.
J'apprends que dans ce temple où le plus saint des rois *
Consacra tout le fruit de ses pieux exploits.
Et signala pour moi sa pompeuse largesse,
L'implacable Discorde et l'infâme Mollesse,
Foulant aux pieds les lois, l'honneur et le devoir,
Usurpent en mon nom le souverain pouvoir.
Souffriras-tu, ma sœur, une action si noire?
Quoi! ce temple, à ta porte élevé pour ma gloire,
Où jadis des humains j'attirais tous les vœux,
Sera de leurs combats le théâtre honteux?
Non, non, il faut enfin que ma vengeance éclate :
Assez et trop longtemps l'impunité les flatte.
Prends ton glaive, et fondant sur ces audacieux,
Viens aux yeux des mortels justifier les cieux »

Ainsi parle à sa sœur cette vierge enflammée;
La grâce est, dans ses yeux, d'un feu pur allumée.
Thémis sans différer lui promet son secours,
La flatte, la rassure et lui tient ce discours :

« Chère et divine sœur, dont les mains secourables
Ont tant de fois séché les pleurs des misérables,
Pourquoi toi-même, en proie à tes vives douleurs,
Cherches-tu sans raison à grossir tes malheurs?
En vain de tes sujets l'ardeur est ralentie :
D'un ciment éternel ton Eglise est bâtie;
Et jamais de l'enfer les noirs frémissements
N'en sauraient ébranler les fermes fondements.

* Saint Louis, fondateur de la Sainte-Chapelle.

Au milieu des combats, des troubles, des querelles,
Ton nom encor chéri vit au sein des fidèles.
Crois-moi dans ce lieu même, où l'on veut l'opprimer,
Le trouble qui t'étonne est facile à calmer,
Et pour y rappeler la paix tant désirée,
Je vais t'ouvrir, ma sœur, une route assurée.
Prête-moi donc l'oreille et retiens tes soupirs,
Vers ce temple fameux, si cher à tes désirs,
Où le Ciel fut pour toi si prodigue en miracles,
Non loin de ce palais où je rends mes oracles
Est un vaste séjour des mortels révéré,
Et de clients soumis à toute heure entouré.
Là, sous le faix pompeux de ma pourpre honorable,
Veille au soin de ma gloire un homme incomparable,
Ariste *, dont le Ciel et Louis ont fait choix,
Pour régler ma balance et dispenser mes lois.
Par lui dans le barreau sur mon trône affermie,
Je vois hurler en vain la chicane ennemie.
Par lui la vérité ne craint plus l'imposteur,
Et l'orphelin n'est plus dévoré du tuteur.
Mais pourquoi vainement t'en retracer l'image?
Tu le connais assez, Ariste est ton ouvrage.
C'est toi qui le formas dès ses plus jeunes ans;
Son mérite sans tache est un de tes présents.
Tes divines leçons, avec le lait sucées,
Allumèrent l'ardeur de ses nobles pensées.
Aussi son cœur pour toi, brûlant d'un si beau feu,
N'en fit point dans le monde un lâche désaveu,
Et son zèle hardi, toujours prêt à paraître,
N'alla point se cacher dans les ombres d'un cloître.
Va le trouver, ma sœur; à ton auguste nom,
Tout s'ouvrira d'abord en sa sainte maison:

* C'est le premier président de Lamoignon.

Ton visage est connu de sa noble famille;
Tout y garde tes lois, enfants, sœurs, femme, fille;
Tes yeux d'un seul regard sauront le pénétrer
Et pour obtenir tout tu n'as qu'à te montrer. »

Là s'arrête Thémis. La Piété, charmée,
Sent renaître la joie en son âme calmée.
Elle court chez Ariste, et s'offrant à ses yeux :

« Que me sert, lui dit-elle, Ariste qu'en tous lieux
Tu signales pour moi ton zèle et ton courage,
Si la Discorde impie à ta porte m'outrage ?
Deux puissants ennemis, par elle envenimés,
Dans ces murs, autrefois si saints, si renommés,
A mes sacrés autels font un profane insulte,
Remplissent tout d'effroi, de trouble et de tumulte.
De leur crime à leurs yeux va-t'en plaindre l'horreur,
Sauve-moi, sauve-les de leur propre fureur. »

Elle sort à ces mots. Le héros en prière
Demeure tout couvert de feux et de lumière.
De la céleste fille il reconnaît l'éclat,
Et mande au même instant le chantre et le prélat.

Muse, c'est à ce coup que mon esprit timide
Dans sa course élevée a besoin qu'on le guide,
Pour chanter par quels soins, par quels nobles travaux,
Un mortel sut fléchir ces superbes rivaux.

Mais plutôt, toi qui fis ce merveilleux ouvrage
Ariste, c'est à toi d'en instruire notre âge.
Seu. tu peux révéler par quel art tout-puissant
Tu rendis tout à coup le chantre obéissant.
Tu sais par quel conseil rassemblant le chapitre,
Lui-même de sa main reporta le pupitre,
Et comment le prélat, de ses respects, content,

Le fit du banc fatal enlever à l'instant.
Parle donc : c'est à toi d'éclaircir ces merveilles.
Il me suffit pour moi d'avoir su par mes veilles,
Jusqu'au sixième chant pousser ma fiction,
Et fait d'un vain pupitre un second Ilion.
Finissons. Aussi bien, quelque ardeur qui m'inspire
Quand je songe au héros qui me reste à décrire,
Qu'il faut parler de toi, mon esprit éperdu
Demeure sans parole, interdit, confondu.

Ariste, c'est ainsi qu'en ce Sénat illustre,
Où Thémis, par tes soins, reprend son premier lustre,
Quand la première fois un athlète nouveau
Vient combattre en champ clos aux joûtes du barreau,
Souvent, sans y penser, ton auguste présence,
Troublant par trop d'éclat sa timide éloquence,
Le nouveau Cicéron tremblant, décoloré,
Cherche en vain son discours sur sa langue égaré :
En vain, pour gagner temps, dans ses transes affreuses,
Traîne d'un dernier mot les syllabes honteuses ;
Il hésite, il bégaye, et le triste orateur
Demeure enfin muet aux yeux du spectateur.

FIN

Paris. — Imprimerie de Dubuisson et Cᵉ, rue Coq-Héron, 5

110 VOLUMES EN VENTE

SOUS PRESSE

CHEZ LES MÊMES ÉDITEURS

L'ÉCOLE MUTUELLE

COURS D'ÉDUCATION POPULAIRE COMPLET
EN 24 VOLUMES A 25 CENTIMES

Grammaire. — Arithmétique et Tenue de livres. — Géographie générale. — Cosmographie. — Histoire naturelle. — Agriculture. — Physique (2 vol.). — Droit usuel. — Mythologie et Histoire des Religions. — Musique. — Botanique. — Chimie. — Hygiène et Médecine. — Géométrie. — Histoire ancienne et moderne. — Histoire du moyen âge. — Histoire de France (2 vol.). — Philosophie et morale. — Géographie de la France. — Inventions et Découvertes. — Dictionnaire de la Langue française usuelle (2 vol.)

PARIS — IMPRIMERIE DE DUBUISSON ET Cᵉ, RUE COQ-HÉRON, 5.

www.ingramcontent.com/pod-product-compliance
Lightning Source LLC
Chambersburg PA
CBHW070403090426
42733CB00009B/1515